예사모를 풀기 전에!!!

예사모는 '예사롭지 않은' 모의고사의 준말입니다.
기획 단계부터 기존의 실전 모의고사와 다른 부분을 의도하고 만들었습니다.
그 의도는 딱 하나입니다.
시간 낭비하지 말자!

아래는 지난 5년간 수능 시험의 1컷과 정답률 85% 이상 문제의 수와 비중입니다.
(메xxxx 공개 자료 기준)

항목 \ 수능(학년도)	21	22	23	24	25
1컷 점수	50	48	45	50	41
정답률 85% 이상 문항 수	10	10	9	9	5
비중	50%	50%	45%	45%	25%

정답률 85% 이상이면 8~9등급도 맞추는 문제입니다.
역대급으로 어려웠다던 25학년도 수능에도 전체의 25%를 차지합니다.
시중의 모든 실모는 이런 정답률 높은 문제들도 수능 경향이라면서 출제를 합니다.
그러나 냉정히 생각해 보면 굳이 이런 문제를 실전이랍시고 풀 필요가 있겠습니까?
예사모는 여러분의 시간 낭비를 방지하기 위해
처음부터 과감하게 정답률 85% 이상 되는 문제들을 배제하였습니다.
대신에 시간을 들여서 풀 가치가 있는 문제들로 채웠습니다.
그래서
난이도는 높고(!), 여러분의 절대적 점수는 낮겠지만(!), 여러분의 실력은 확실하게 향상(!)될 겁니다.

너무 쉬운 주제와 문제 형식들을 과감히 배제한 대신에 다음 2가지 작업을 했습니다.
① **반드시 새로운 선지, 추론형 선지를 포함시킨다.**
　단, 교육과정 '내' 또는 '합리적' 추론이 가능하게 하였습니다.
② **반드시 킬러형 문제를 추가한다.**
　비킬러를 없애고 그 자리에 킬러를 연습하기 위한 대체형 문항들을 넣었습니다.

그래서 이 모의고사를 사용하는 여러분에게 부탁드립니다.
① **반드시 제시문을 최대한 활용해 주십시오.**
　낯선 선지들이지만 제시문과의 연관성이 있는 선지들이 있습니다.
② **반드시 여러분의 두뇌를 최대한 활용해 주십시오.**
　낯선 선지들이지만 기출과 기본 지식을 조합하면 풀 수 있는 선지들이 있습니다.
③ **반드시 대체형까지도 풀어 주십시오.**
　통일 문제 푸는 시간에 롤스 분배 정의 문제 2개 푸는 것이 더 도움될 것입니다.
④ **반드시 해설지를 공부해 주십시오.**
　그 어떤 실전 모의고사 해설보다 양이 많을 겁니다.
　하나의 개념서를 공부하는 것과 같은 효과를 가질 겁니다.
　모든 선지는 문제 풀 때는 갸우뚱해도 해설을 보면 충분히 납득하실 겁니다.

모두 열공＋즐공＝대박!!!

Zola 해설

빠른 답 확인

1회

1	2	3	4	5	6	7	8	9	10
②	②	③	①	①	④	④	⑤	①	③

11	12	13	14	15	16	17	18	19	20
①	③	⑤	②	③	②	①	④	③	②

2회

1	2	3	4	5	6	7	8	9	10
⑤	⑤	①	③	④	②	②	①	③	⑤

11	12	13	14	15	16	17	18	19	20
④	③	④	①	②	④	②	③	⑤	⑤

3회

1	2	3	4	5	6	7	8	9	10
③	④	⑤	③	⑤	②	④	①	①	④

11	12	13	14	15	16	17	18	19	20
①	③	①	④	③	②	⑤	③	④	③

1. 지금 점수가 수능의 점수가 아님!

2. 문제와 해설을 같이 보면서 개념 공부한다는 식으로 접근해도 좋을 것입니다.

3. 해설에서 '바나나 선지'라는 것은 항상 참 또는 거짓이거나 혹은 충분히 제시문이나 핵심 지식으로 연상(추론)가 능한 선지를 의미합니다. 즉, 여러분이 너무 고민할 필요가 없는 선지를 의미합니다.

4. 출처 보는 법은 아래와 같습니다.

출처 보는 법(예)

1. 평가원
   25-수능-5 = 25학년도(24년 시행)-수능(11월)-5번
   22-6-10 = 22학년도(21년 시행)-6평-10번

2. 교육청
   24-5교-3 = 24학년도(24년 시행)-5월 교육청-3번

3. 수특/수완 = ebs 수능특강/수능완성
   25 수특 = 25년 발행(26학년도 수능 대비)
   ebs 수능 특강

---

5. 해설의 어법(?)은 반말과 높임말, 줄임말, 비속어 등이 혼용됩니다. 해설자가 마음 편하게 그러나 내용은 zola 정성들여 해설하였습니다. 그래서 오탈자가 의도된 것들도 있습니다. 편하게 보시면 됩니다.

6. 수능형 목표 1컷
(1) 출제자는 1컷 43~45점을 목표하였습니다.
(2) 현강테스트의 의견은 작년 수능(1컷 41점) 경험자들 중심으로 의견 수렴을 한 결과 최저 38점에서 최고 47점까지 분포하고 대체적으로(다수 중복되는 점수대) 42~44점 정도입니다.
단, 시험의 특성상 1컷 점수가 의미는 없음요.

1회 Zola Guide

1	2	3	4	5	6	7	8	9	10
②	②	③	①	①	④	④	⑤	①	③

11	12	13	14	15	16	17	18	19	20
①	③	⑤	②	③	②	①	④	③	②

1. 답 ②

☞ Zola 윤리학 구분 문제는 대부분 정답률 80%가 넘어간다. 그러나 평가원 기준 1/4이 정답률 70%대가 나온다. 조심하자는 취지에서 출제하였다. 틀린다고 너무 빡치지 말고 선지 보는 눈을 하나 길렀다고 생각하자.

(가)와 (나)가 각각 무슨 윤리학인지 모른다면 일단 개념 공부가 필요함. 시간 없어도 개념 공부하시길 바람. 1시간만 투자하면 됨. 일단 첫 문제여서 설명하겠음. 다음부터는 이런 기본적인 것은 그냥 넘어감. 님들이 보는 이 실모는 기본을 했다라고 가정하고 만든 문제들임.

제시문의 포인트	설명
(가) 도덕현상 탐구	기술 윤리학. 이 설명이 무슨 말인지 모르면 님은 지금 기술 윤리학 기본 지식이 없는 것임. 개념서나 노트 펼쳐서 외워야 함!
(나) 어떻게 '행동해야 한다', 무엇을 '추구해야 한다'	'해야 한다'가 '당위', '규범'임. 그래서 규범(이론) 윤리학임. 이걸 모르면 '해야 한다'와 '당위'라는 어휘력이 약해서일 수 있음.

여기까지 했으면 선지 ②가 '정답'인 것은 쉽게 풀린다.

② (가): 시대에 따른 도덕적 신념들의 변화를 탐구하는 것이다.
→ 문화(도덕) 현상들 예를 들면 가치관이나 의식, 관습이나 풍습들을 조사하고 그들의 변화 과정(순서), 관계를 탐구하는 것이 기술 윤리학임. 끝. 이렇게 판단하면 그만임.

① (가): 도덕적 신념이 아닌 관습을 정확하게 기술하는 것이다.
→ ①을 틀린 분들의 아래 기출 확인해 볼 것.
〔16-수능-1-③〕 거짓말에 대한 <u>도덕적 신념</u>이 지역적, 시대적으로 어떻게 다른가?　↳ 오답률 2%
〔20-9-1-⑤〕 <u>도덕적 관습</u>에 대한 경험적 서술이 갖는 의의를 간과한다　↳ 오답률 3%
그런데 '도덕적 신념이 아닌 관습'이라는 표현에 님들은 왜 틀렸을까???
→ 참고로 제시문은 아래처럼 연결 가능하다. 단, 이렇게까지 제시문과 연결시켜야 하는 것은 아니다. 그냥 출제자인 Zola가 생각없이 내진 않았다는 것을 알아줬으면 한다^^

〔제시문〕 → 〔선지〕 연결시키기
사실 현상, 사실 → 관습 O
심리적 사실 → 신념 O

③ (나): 사회의 구성원들이 공유하는 가치관을 조사하는 것이다.
→ 기술 윤리학임. 기술 윤리학 5분만 공부하면 맞출 수 있음. 시간 투자 하세용~

④ (나): 사회 구성원 다수가 지지하는 규범을 이론적으로 정당화해야 하는 것이다.
→ 거짓. 현장 테스트 할 때 질문 많이 하는 선지임. 선지를 자기 마음대로 읽으면 안 됨. 선지를 보면 '다수의 의견을 정당화해야 한다'고 되어 있음. 규범(이론) 윤리학의 핵심 과제는 도덕 판단의 기준을 제시하는 것임. 그 기준을 바탕으로 다수가 지지하는 것이 정당화될 수도 있고 안 될 수도 있음. 규범(이론) 윤리학이 다수를 정당화시킬 필요는 없음. 그저 정당화의 기준을 제시하는 것일 뿐임.

⑤ (가)와 (나): 여러 문화권에 공통적으로 적용되는 도덕 규범을 확립하는 것이다.
→ 해당 사항이 없다.

2. 답 ②

☞ Zola 생윤은 '사상가'를 묻지만 정작 사상'가'가 필요없고 '사상' 정도에서 판단하면 되는 문제들이 많음. 특히 동양 윤리는 사상'가' 보다는 사상에 집중하는 것이 우선임.

갑은 유가(공자), 을은 도가(장자)임.

제시문	설명
갑: 성인(聖人)은 <u>자신이 서고자 하면 남이 서게 해 주며, 자신이 이루고자 하면 남이 이루게 해준다.</u> 가까이 자기에게서 취하여 비춰 보아 남을 헤아리는 것이 성인이 되는 방법이다.	→ 밑줄 친 부분이 서(恕)의 정신임. 교과서·ebs·기출 모두 나옴. 글고 서(恕)는 유가에서 중요한 용어임!!!! → 쉽게 풀어서면 용서할 때의 서임. 용서는 남을 이해, 배려했을 때 생기는 것임.
을: 사람들에게는 일정한 본성이 있다. 베짜서 옷 해 입고, 밭 갈아 밥을 먹으니, 이것을 두고 본성이 같다고 한다. 또 하나는 <u>모든 사람이 한결 같아서 편을 가르지 않으니, 이것은 자연으로부터 부여받은 자유이다.</u>	→ 자연으로부터 부여 받은 것이 편을 가르지 않는다(분별하지 않는다)는 것이니까 유가의 분별성을 부정하는 것임. 그래서 도가임을 알 수 있음. → 윤사 교과서에 있는 것을 가지고 왔음. 다른 전국 사설 모의고사에서도 활용해 봤는데 제시문 판단에 아무런 문제가 없었음. 참고로 본 저자는 20년 경력의 전국단위 및 유명 모의고사·참고서·기타 콘텐츠 제작 경력자임.

② 갑: 죽음의 공포를 극복하기 위해 인(仁)을 실천해야 한다.
→ 거짓. 님들이 ①이 옳다는 것을 안다면 ②가 연결(추론)됨.
  유가는 도덕의 근원을 '하늘'로 봄. 그래서 천명(하늘의 명
  령)을 따르는 것임. 그리고 하늘의 규범이 바로 인임. 그래
  서 인간은 하늘 즉 인을 위해서라면 죽을 수도 있음(살신성
  인). 정리하면 우리가 죽음의 공포를 극복하기 위해(목적)
  인을 실천(수단)하는 것은 아니라는 것임. 이게 출제의도인
  데 혹시 출제의도가 제대로 표현되지 않은 것이라면 너무
  빡치지 말고 해설에 나오는 내용 정도를 알고 넘어가면 됨.
→ 하나 더 하자면 인을 제대로 실천할 수 있다면 죽음의 공포
  에서 벗어날 수 있을 것임.

① 갑: 인간의 도덕 규범의 근거를 하늘[天에]서 찾을 수 있다.
→ 참. 개별 사상(가)을 확인했으면 이 정도 선지는 쉽게 확인
  할 수 있어야 함. 유가는 도덕 규범의 근거를 하늘로 봄.

③ 을: 옳음과 그름의 구분은 인간 중심적 관점에서 기인한다.
→ 기본 지식임. 도가에 따르면 분별은 인간적인 관점임. 도의
  관점에서는 분별이 없음.

〔장자〕
도의 관점에서 만물을 보면 귀하고 천함이 없지만 물〔物: 사물〕의
관점〔인간이 사물을 바라보는 관점〕에서 보면 자신은 귀하고 상
대는 천하게 보인다.

〔지난 수완〕
장자는 제물론에서 시비, 선악, 미추, 귀천 등의 구분은 도의 관
점이 아니라 인간 중심적 관점에서 만물을 파악했기 때문에 생겨
난 것이라고 보았다.

④ 을: 인간은 자연을 거스르고자 하는 욕구를 가지고 있다.
→ 교과서에서 찾아낸 선지임. 의외로 현장에서 많이 틀림. 바
  나나 선지이기도 함. 인간이 자연을 거스르고자 하는 욕구
  가 있으니까 자연을 거스르지 않기 위해 수양·노력해야 한
  다고 생각하면 쉽게 풀림.

〔천재〕
인간도 다른 존재와 마찬가지로 도에 의해서 이루어진 이 세계 속
의 존재이므로 인간과 자연은 구분되지 않는다. 다만 인간에게는
자연을 거스르고자 하는 욕구가 있어서 여러 가지 문제가 발생한
다. 그래서 도가에서는 사람의 힘이 더해지지 않은 자연 그대로의
질서를 따르는 무위자연(無爲自然)에 따라 살아갈 것을 강조한다.

⑤ 갑과 을: 덕(德)을 따라야 이상적인 삶을 구현할 수 있다.
→ 도 나오면 도가, 덕 나오면 유가라고 하는 분들이 있음. 정
  신 차리시길 바람. 도(道) 또는 덕(德)은 동양 윤리의 공통
  적인 기본 용어임. 특히 덕(德)은 서양 윤리에도 나옴.
참고로 '도덕'이라고 하면 이때에는 유가라고 해야 함. 예를 들
어 '도덕'적 본성 함양, '도덕'적 공동체 지향은 도가가 아니라
유가에 대한 설명임.

3. 답 ③

☞ Zola 종교 문제는 독해로 된다면서 공부를 안 하는 분들이
  있는데, 그러다가 수능에서 정답률 50~60%까지 떨어졌
  음. '엘리아데'의 사상 구조에 대해서는 알아두어야 함. 하
  나 더. 엘리아데 하면 '성현' 이딴 거 외워놓고는 공부했다
  고 하는데, 엘리아데는 '성'과 '속'의 구분부터 먼저 알아야
  함. 제시문이 성과 속의 차이와 연결성을 보여주는 제시문
  임. 일부러 공부에 도움되라고 뽑았음.

제시문		설명
두 종류의 시간	성의 시간	'성'은 초자연적, 성스러움, 초월적, 초자연적, 종교적인 것을 의미함. 우리가 기도하는 시간은 성의 시간임.
	속의 시간	'속'은 일상적, 세속적, 자연적인 것을 의미함. 님들이 그냥 평소에 보내는 시간이 속의 시간임. 한 번 지나면 다시 돌아오지 않음. 지나간 내 젊음이여..ㅜㅜ...그래서 속의 시간은 쭈욱 이어지지만(연속적), 되돌릴 수는 없음(반복X, 되돌림X)

참고로 알아두면 좋은 글들이니 눈팅하고 지식화 시켜둘 것.

〔엘리아데, "성과 속"〕
두 종류의 시간(성의 시간과 속의 시간을 의미함*) 사이의 본질
적인 차이는 우리에게 즉각적으로 다가온다. **성스러운 시간은 다
음과 같은 의미에서 본질적으로 가역적이다.** 좀 더 정확하게 말
해서, 그것은 원초적인 신화적 시간을 나타낸다. 종교적인 축제
나 전례의 시간은 모두 신화적 과거인 '태초에' 생겨난 성스러운
사건의 재현을 의미한다. 종교적으로 축제에 참여하는 것은 일상
적인 시간 지속에서 탈출하여 그 축제에서 재현하는 신화적인 시
간으로 **되돌아가는 것이다. 그러므로 성스러운 시간은 무한히 회
복할 수 있고 반복 가능하다.** 그것은 어떤 의미에서 '지나가는 것'
이 아니고, 또 결코 불가역적인 지속을 나타내지 않는다고 말할
수 있을 것이다.

〔24-9〕 제시문 문장 단위로 읽기
성스러움이 세속적인 것과는 전혀 다른 그 무엇으로서 자신을 드
러내어 보여주기 때문에, 인간은 성스러움을 알 수 있습니다.

성스러움이 드러나는 것을 가리키는 말이 성현(聖顯)입니다.

성스러운 나무, 성스러운 돌은 정확히 그것이 성현이기 때문에,
그것이 더 이상 **돌이나 나무가 아니라** 성스러운 것을 보여주는
존재가 되기 때문에 숭배를 받는 것입니다.

종교의 역사란 가장 원시적인 것에서부터 가장 고도로 발달한 것에
이르기까지 **다수의** 성현으로 이루어져 있다고 말할 수 있습니다.

종교적 인간이 성스러운 존재들에 의지하여 안정과 평화를 추구
해 온 것은 자연스러운 일입니다.

심지어 **비종교적 인간도** 종교적 의례나 신화에 영향을 받기 때문
에 **자신도 모르는 사이에 종교적으로 행동**합니다.

③ 성스러운 시간과 속된 시간 사이에는 본질적인 차이가 있다.
→ 님이 성과 속이 다르다는 것만 알면 풀림. 그런데 어떤 분
　 들은 성과 속의 불가분(분리 불가능)이라고 하면서 그러면
　 궁극적인(본질적인) 차이가 없지 않냐고 물어봄. '불가분'이
　 면 본질이 같아야 함??????

① 성스러운 시간은 회복과 반복이 불가능하기 때문에 소중하다.
→ 거짓. 이 문장 판단 틀린 분들은 제시문 보는 연습 더 하시
　 길 바람.
〔제시문〕 종교적으로 축제에 참여하는 것은 일상적인 시간 지
속에서 **탈출**하여 그 축제에서 **재현**하는 신화적인 시간으로 **되
돌아가는 것이다.**
→ 님들 '재현'이 무슨 말임? 여기서 '재'가 무슨 말일까? '재현',
　 '재생', '재방송' 혹은 '되돌아간다'로 가지고 추론 가능함.

② 종교적 인간에게는 시간이 균질적이면서 연속적인 현상이다.
→ 교육청에서 출제된 내용임. 18-10교-10
→ 제시문에 '두 종류'의 시간 속에 살고 있다며! 종류가 2개가
　 있어. 그러면 님들아 '균질'이니 '이질'이니? 답은 '이질'이지
　 않을까! 그리고 서로 이질적이면 뭔가 연속적은 아니지 않을
　 까? 그래서 종교적 인간에게는 시간이 균질X, 연속X임.

④ 성스러운 것의 정의(定義)는 속된 것과 대조를 이루지 않는다.
→ 거짓. 생윤 선택자의 약점인 '기본 개념'을 묻는 선지이다.
　 여러분은 엘리아데가 정의(定義, definition)한 '성'과 '속'
　 의 의미를 아는가? 그걸 알면 바로 맞출 수 있는 선지이
　 다. 간단히 말해 '성'은 '초자연적·초월적'이며, '속'은 '자연
　 적'이다. 이 대조를 활용하면 엘리아데 선지가 의외로 쉽게
　 풀린다.
→ 26-6에 출제되었는데 당시 해설 잘못한 샘들이 계시다고
　 함. 아래 나오는 원전 내용 확인.

┌───┐
│〔엘리아데, "성과 속"〕
│성스러운 것의 정의는 우선 속된 것과 대조를 이룬다는 것이다.
│이 글의 목적은 성과 속의 대조를 설명하고 정의하고자 하는 데
│있다.〔지난 수완〕
└───┘

⑤ 성스러움이 드러난 자연물은 자연물 그 자체가 신과 동일한
　 것이다.
→ 거짓. 위에 언급된 기출 제시문으로 확인 가능함. 자연물
　 자체가 '성(신, 초월적인 어떤 것)'은 아님.
→ 기출로 여러 번 출제가 되었음. 이 선지 틀린 분들은 실모
　 줄이고 기출을 늘리시길 바람.

4. 답 ①

☞ Zola 님들 입장에서 틀려도 '공부'에 도움되는 내용들이니
　 해설 잘 보시길 바람. 틀렸다고 실망하지 말 것. 실망은 수
　 능 전날까지 많이 해도 됨. 수능날에만 실망 안 하면
　 됨!!!!!

---

(1) 내용: 기본 사상가들 조심해야 함. 윤사처럼 나오면 정답
　 률 나락갈 수 있기에 연습용으로 만들었음. 참고로 기출
　 에서 칸트와 벤담이 여러 번 나왔음. 이제 '밀'이 나올 차
　 례일 것 같아서 만들어 봄.
(2) 형식: 윤사(23-9)에서 사용된 자료 형태이다. 23-9 윤
　 사 시험에서는 비판형 자료 문제가 2개가 동시에 출제되
　 었다(2자 비판형 1개, 3자 비판형 1개). 당연히 생윤에
　 서도 이런 문제 유형도 가능하고 조합도 가능하다.

제시문에 대한 설명을 자세히 하면 안 될 것 같음. 그 정도로
기본형 제시문임. 이걸 모른다면 님은 공부를 '더' 해야 함.
갑 제시문에서는 '행위가 그 자체 선', '이성에 따르는 필연', '명령
은 정언적' 등의 문구를 통해 칸트임을 확정할 수 있어야 한다.
을 제시문에서는 '서로 다른 두 가지 쾌락을 모두 경험한 사람
들', '배부른 돼지보다 배고픈 사람', '공리의 원리' 등의 문구를
통해 밀(질적 공리주의)을 확정할 수 있다.

① A: 자율은 행동 그 자체가 목적이 되는 것임을 간과한다.
→ 참. 칸트에 따르면 도덕은 그 자체가 목적이지 행복을 위한
　 수단이 아니다. 따라서 칸트가 말하는 자율은 행위 그 자체
　 가 도덕(목적)이기 때문에 선택하는 것이다. 그런데 공리주
　 의자들은 행위는 행복이라는 목적을 위한 수단으로 본다.
　 따라서 칸트가 밀에게 할 수 있다. 이 선지는 칸트가 공리
　 주의자에게 할 수 있는 비판이 될 것이다.
칸트: 도덕은 그 자체가 목적. 행복 위한 수단이 아님.
밀(공리주의): 도덕은 행복을 위한 수단. 도덕 자체가 목적이 아님.

② A: 선의지에서 비롯된 행위만이 칭찬받을 수 있음을 간과한다.
→ 거짓. 칸트 OX를 확인하기 위한 선지임. 칸트는 '동정심에서
　 비롯된 행위는 칭찬받을 수 있다'고 본다. 그래서 이 선지는
　 칸트가 인정하므로 틀린 선지이다. 밀도 공리성에 부합하면
　 동정심에서 비롯된 행위도 칭찬받을 수 있다고 할 것이다.
→ 이 선지는 교육과정상 직접적인 지식으로 묻기는 힘들 수도
　 있을 것이다. 이 선지에 대한 지식까지는 필요없을 것이다.
　 이 선지가 교육과정에서 필수적으로 알아야 되기 때문에 출
　 제한 것이 아니니까 아래 글은 참고용으로만 확인하면 된다.

┌───┐
│〔샌델, "정의란 무엇인가"〕
│칸트도 동정심에서 우러난 행동이 잘못되었다고는 생각하지 않
│는다. 하지만 그는 타인을 도울 때, 쾌락을 느끼는 선행 동기와
│의무 동기를 구별한다. 그리고 의무 동기만이 그 행동에 도덕적
│가치를 부여한다고 주장한다. 이타주의자들의 동정은 "칭찬과
│격려를 받을 자격이 있지만, 존중받을 수는 없다."
└───┘

③ A: 도덕 판단을 할 때 만족과 행복을 구분해야 함을 간과한다.
→ 거짓. 밀은 '만족과 행복을 구분해야 한다'는 입장이므로 틀
　 린 선지임. 이 선지는 밀의 입장을 알고 들어가라는 의도에
　 서 만든 선지임.
→ 지난 수완 문제를 보고 킬러나 통수의 스멜이 나서 응용하
　 였음. 밀의 유명한 표현에서도 직접 추론이 가능함. 아래
　 설명을 잘 확인하길 바람.

원문	만족한 돼지이기보다는 불만족한 인간인 편이 더 낫고, 만족한 바보이기보다는 불만족한 소크라테스인 편이 더 낫다.

⇩ ⇩ ⇩

추론	우리의 뇌피셜을 굴려보자면 '만족'한 돼지보다는 '불만족한' 인간이 더 행복하다는 것으로 해석 가능함. 즉 불만족해도 행복할 수 있다는 것이므로 만족과 행복은 다르다는 것을 알 수 있음.

④ B: 가언 명령은 이성을 도구로 활용하는 것임을 간과한다.
→ 거짓. 칸트 OX를 확인하기 위한 선지임. 칸트 입장에서 '가언 명령은 이성을 도구로 활용하는 것'이므로 틀린 선지이다.
→ 이 선지는 공리주의가 가언 명령임을 안다면 응용(추론) 가능한 선지이다. 공리주의(가언 명령)는 행복해지기 위해 이성을 활용한다. 어찌보면 상식이라 할 수도 있다. 님들은 행복해지기 위해 나름 머리를 굴리지 않나?!

[샌델, "정의란 무엇인가"]
가언 명령은 이성을 도구로 활용한다. 'X를 원한다면 Y를 하라'는 식이다. 말하자면, '사업가로 좋은 명성을 얻고 싶다면 고객을 정직하게 대해라'는 명령이다.

→ 공리주의자의 '이성'과 칸트의 '이성'을 비교하는 있는 글이 아래 글이므로 잘 읽어볼 것.

[샌델, "정의란 무엇인가"]
공리주의자들은 인간을 이성적 존재로 보았지만, 이때의 이성은 도구로서의 이성이다. … 칸트는 이성이 이런 부차적 역할을 할 뿐이라는 생각을 거부한다. … 칸트는 도덕과 관련된 실천 이성을 도구로 여기지 않고 "어떤 경험적 목적에도 상관없이 선험적으로 정해지는 순수 실천 이성"으로 여긴다.

⑤ B: 인간도 동물처럼 자연적 성향을 가지고 있음을 간과한다.
→ 거짓. 어떻게 보면 바나나 선지이지 않을까 싶음. '인간도 동물처럼 자연적 성향을 가지고 있음'은 fact지 않나? 이걸 간과하는 친구가 있을까??
→ 그런데 지식적으로도 꼭 알아두어야 함. 윤사에서 출제되기도 하였지만 관련 제시문이 생윤의 자연(환경) 윤리에서도 제시되었기 때문. 내용을 알면 상식적으로 지극히 당연한 내용이기는 함.
→ 아래 글이 칸트 생각을 잘 정리해 주고 있다.

[샌델, "정의란 무엇인가"]
칸트가 관찰하기로 "자연의 모든 것은 법칙에 따라 움직인다." 자연스러운 필요 법칙, 물리법칙, 인과법칙 등. 여기에는 우리도 포함된다. 우리도 어쨌거나 자연의 존재이니까. 인간이라고 자연법칙에서 예외일 수 없다. 그러나 우리가 자유롭게 행동하는 능력이 있다면, 물리법칙이 아닌 다른 무언가에 따라 행동할 수도 있을 것이다. 칸트는 모든 행동은 특정 법칙에 지배된다고 주장한다. 우리 행동이 물리법칙에만 지배된다면, 우리는 당구공과 다를 바 없다. 따라서 자유롭게 행동하는 능력이 있다면, 저절로 주어진 법칙(Zola: 물리법칙/자연법칙)만이 아니라 자신에게 부여한 법칙(Zola: 도덕법칙)에 따라 행동할 수도 있을 것이다.

→ 참고로 공리주의(밀이든 누구이든 상관없이)는 인간의 행동은 쾌고의 원리에 지배받는다고 생각하면 됨.(베카리아 원전에도 거의 똑같은 표현이 있음. 아래 확인.)

[베카리아, "범죄와 형벌"]
쾌락과 고통은 감각을 부여받은 존재에 있어 행동의 유일한 동인(動因)이다.

5. 답 ①

☞ Zola 사상가 3명을 비교하는 경우는 킬러를 제외하면 잘 없음. 연습용임.

제시문 사상가를 모르면 조금 곤란함. 모두 기출에 자주 혹은 최근에 출제가 된 사상가들임.
갑-칸트, 을-플라톤, 병-아리스토텔레스임.
플라톤과 아리스토텔레스 모두 모방임. 그런데 플라톤은 이데아(진리, 원형)를 모방하고 그것이 인간의 영혼에 선한 영향을 주어야 한다는 것임.

선지들이 기본 지식 또는 독해형임.
① 갑: 도덕뿐만 아니라 예술도 이기적인 욕구에서 벗어나 있다.
→ 참. 미와 선은 형식, 보편성, 무관심성(이해관계X, 이기적 욕구X)에서 유사성을 가짐.
[21-9-6] 미적인 것에 대한 판단은 일체의 이해관심 없이 내려진다. OOO
[24-수능-10] 미적 판단과 도덕 판단은 모두 이해관심에 근거해야 한다. XXX

② 을: 예술은 감각에 의해 파악되는 미의 원형을 모방해야 한다.
→ '감각에 의해 파악되는 미의 원형'이 틀린 부분임. 원형은 이데아를 말하는데 이데아는 감각으로 파악할 수 있는 것이 아니라 이성으로 인식하는 것임. 이데아의 기본 개념임. 아래는 교과서 기술 내용임.
[천재] 이데아: 플라톤은 이데아를 감각적인 경험을 초월한 참된 존재의 의미로 사용하였다.
→ 교육청에 출제된 적이 있는데 그때 정답률이 처참했음. 님들 선배들은 플라톤이 이데아를 말했다는 것은 알면서 이데아가 뭔지는 몰랐음. 님들 선배들의 어리석음을 따라가지 마시길 바람.
[24-10교-17] 플라톤: 참된 실재에 대한 인식은 인간의 감각을 통해서 가능하다. XXX

③ 병: 고상한 대상을 모방하는 것은 감상자에게 쾌감을 주지 못한다.
→ 독해로 해결 가능함. 모방에 의한 재현에 쾌감을 느낀다고 되어 있음. 원전에도 나오는 내용이지만 더 깊이 들어갈 필요가 없을 것 같아 생략하겠음. 국어로 해결하셈!

④ 갑과 을: 예술은 미적 가치가 아닌 도덕적 가치를 다룬다.
→ 개념적으로 틀린 말임. 예술은 일단 '미적 가치'를 다룸. 그

러면 우리가 배우는 내용은 무엇이냐면 '미적 가치(예술)'가
'도덕 가치(윤리)'와 어떤 연관성이 있느냐는 것임.
→ 이거 틀리신 분은 기출 다시 푸셈!
〔21-수능-5〕칸트, 플라톤 모두 예술은 미적 가치를 다루는
활동이라고 본다. OOO

⑤ 을과 병: 사물을 있는 그대로 묘사하는 예술은 금지되어야
한다.
→ 일단 '병'이 확실히 틀렸음. 을은 신경쓰지 말 것.

6. 답 ④

☞ Zola
(1) 사회 계약론 3인방(홉스, 로크, 루소) 중에서 가장 출제
  빈도가 적은 사상가는 루소이다. 루소의 일반 의지 공부
  에 도움되는 제시문과 선지들로 구성했음. 틀려도 좋으니
  까 공부하고 가시길 바람.
(2) **24-6평-홉스 계약론, 24-9평-로크 계약론 보고 만든 문
  제임. 수능형 난이도로서는 중상급 정도일 듯. 최상급까지
  는 아닐 것 같음.**

제시문은 루소임. 루소는 일반 의지와 주권이 핵심이다. 그래서
제시문도 일반 의지에 대한 예상 선지가 포함된 것을 골랐음.
〔후보 선지〕일반 의지는 언제나 공명정대하고 항상 공익의 경
향이 있다. OOO

ㄱ. 사회 계약 이전에는 경제적 불평등이 존재하지 않는다.
→ 거짓. 윤사 기출 문제이기도 한데, 사실 이 정도면 충분히
  생윤 기본 지식으로도 풀리는 내용임.
→ 루소는 인간이 자연 상태에서 평화롭게 살았지만, 사유 재
  산과 같은 인위적인 제도가 만들어지면서 불평등이 생겨났
  다고 함.
〔19-6-13, 윤사〕루소, 마르크스: 인간의 경제적 불평등은 사
유 재산의 발생에서 비롯된다. OOO
→ 참고로 루소의 사회계약은 바로 이 엿같은 불평등과 부자유
  를 어떻게 없앨까라는 고민에서 시작됨.
〔26-6-9, 윤사〕인간은 본래 자유롭고 평등지만, 사유 재산
의 등장으로 불평등이 발생한다. 이를 해결하기 위해 개인들은
공공선을 지향하는 하나의 공동체를 형성하고, 그 공동체 전체
의 의사를 반영하는 법을 스스로 만들어 따라야 한다.

ㄴ. 일반 의지는 전체에서 비롯되어 전체에 적용되어야 한다.
→ 참. 원전 내용 그대로인데, 일반 의지가 집합적 개념임을
  안다면 쉽게 추론 가능할 것 같음.

기본 지식	추론
일반 의지는 단 하나의 의지, 우리 모두의 합일된 의지, 오로지 공동체만을 생각하는 의지 등등	그러면 일반 의지는 개인이 아니라 전체와 관련되는 것이겠네.

→ 잘못된 추론: 개인에서 비롯되어(시작되어) 전체에 적용되
  는 것 아닐까라고 생각할 수 있음.

→ 반박: 그러나 이런 추론은 개체론적 입장임. 일반 의지는
  개체론 보다는 전체론적인 개념임.

ㄷ. 사회 계약을 통해 인간은 어떠한 자유도 상실하지 않는다.
→ 거짓.
→ 개념 확인: 사회 계약론의 기본 구조임. 사회 계약은 자연
  상태에서의 권리를 일부 또는 전부(사상가마다 다름)를 포
  기해서 정치 사회로 넘기는 것임.
→ 사상가 확인: 루소는 자신의 모든 것을 다 양도(넘겨줌)했
  다며. 그러면 상실되는 것이 있겠지.
  단, 상실'만' 되면 계약을 왜 하겠니? 뭔가 얻어지는 것이
  있으니까 하겠지. 아래 제시문 확인.

〔루소, "사회 계약론"〕
인간이 사회계약으로 상실하는 것은 그의 '자연적 자유'와 그가
마음이 끌리면 언제나 취할 수 있는 모든 것에 대한 무제한적인
권리이고, **반면에 획득하는 것은** '시민적 자유'와 그가 소유하는
모든 것에 대한 재산권이다.

ㄹ. 주권자는 집합적 존재여서 그 자신에 의해서 대표될 수 있다.
→ 참. 윤사에 나옴. 다음엔 생윤 차례일 것 같아서 가지고
  옴. 앞서 언급한 대로 일반 의지가 집합적 개념임. 그래서
  주권도 마찬가지임.
→ 루소 글에 보면 주권은 대표될 수 없다고 나옴. 그런데 또
  다른 곳에서는 위처럼 대표될 수 있다고 나옴. 그리고 루소
  의 논리상 위 선지가 맞다고 판단됨. 평가원도 그러니까 인
  용했을 것 같음.

〔24-6-19, 윤사〕
주권은 일반 의지의 행사에 불과하므로 결코 양도될 수 없으며,
**주권자는 집합적 존재일 뿐이므로 그 자신에 의해서만 대표될
수 있다.**

〔루소, "사회계약론"〕
주권은 오직 일반의지의 행사일 뿐이므로 결코 양도될 수 없
고, 또 **주권자는 오로지 집합적 존재일 뿐이므로 그 자신에
의해서만 대표될 수 있다.** 권력은〔권력의 담당자는〕완벽하게
이전될 수 있지만, 〔그 생성 근거인〕 일반의지는 결코 그럴 수
없는 것이다.

7. 답 ④

☞ Zola 출제 이유 딱 하나임. 기출 제시문 잘 확인하고 있나
  요????

제시문이 요나스(책임 윤리)인 것 설명은 필요없을 만큼 기본
제시문. 선지 ④부터 먼저 확인하겠음.

④ 기술적 힘의 발전으로 인해 인간 행위의 본질이 변화했다.
→ 참. 우리는 보통 본질은 변화하지 않는다라고 생각하기 쉬
  움. 이게 우리의 일반적인 뇌피셜이라면 이 선지는 분명 우
  리의 뇌피셜과 상충함. 당연 조심해야 하겠지.

〔24-수능-18〕 인간의 기술적 힘이 발전하면서 인간 행위의 본질이 변화했다는 것이다.

① 인간은 자신이 원하지 않는 것보다 원하는 것을 더 잘 안다.
→ 출제된 선지임. 우리는 원하는 것(선)보다 원하지 않는 것(악)의 인식이 쉬움.

② 어떤 행위를 못하게 막는 공포가 책임 윤리의 본질적 속성이다.
→ 개인적으로 출제 가능성 높은 선지 중의 하나라고 생각함. 아래 원전 확인할 것!

> 행위를 못하게 막는 공포가 아니라 행위를 하도록 북돋우는 공포가 바로 책임의 본질적 속성이며, 우리가 뜻하는 공포도 바로 그런 것이다. 이것은 또한 책임의 대상에 대한 공포이기도 하다.

③ 전통적 윤리는 인간이 책임져야 한다는 도덕적 명령을 부정한다.
→ 바나나 선지임. 그런데 문장 해석이 애매해서 님들이 말릴 수 있을 것임. 다시 말해 무엇에 대해 얼마나 책임져야 하는지가 명시되지 않았음. 이럴 경우에는 전통 윤리도 인간이 인간에 대해 책임져야 하는 것을 부정하지 않겠네라고 하고 넘어가야 함.
→ 제시문과 연결시키면 이렇게 됨.

기본 지식	추론
전통 윤리학의 모든 도덕적 명령은 행위의 직접적인 영역인 '지금'과 '여기'에 제한되어 있다.	그러면 전통적 윤리는 지금 여기에 대한 책임을 져야겠네....ok?!!!!

→ 아래 원전도 읽어 보세용~

> 전통 윤리학은 언제나 인간적 선의 장려, 타인의 권리 내지 타인에 대한 관심의 존중, 그들에게 일어나는 불의의 개선, 그들이 느끼는 고통의 완화를 강조해왔다. 인간적 의무의 대상은 인간 자신, 지구상의 다른 어떤 것도 아닌 인류 자신이었다. 물론 전통 윤리학의 규범들 가운데 그 어떤 것도 구속력을 상실하지는 않는다.

⑤ 인간만이 오로지 책임질 수 있다는 것은 인간의 특성이 아니다.
→ 거짓. 바나나 선지일 것 같아서 가지고 왔음. 인간만이 책임질 수 있는 존재임. 이걸 부정 못하지? 그러면 그건 인간의 특성이지 않음???? 굳이 고민해야 할까?!

> 인간만이 오로지 책임을 질 수 있다는 인간의 특성은 동시에 인간은 자기와 동등한 다른 사람들을 위해서도 책임을 가져야 하고 이런저런 관계에 있어서 항상 책임을 가지고 있다는 것을 의미한다. 책임을 가질 수 있는 능력은 책임의 실제성에 대한 충분조건이다. … 인간이 일반적으로 책임의 능력이 있다는 것은 그가 말하는 존재라는 것과 마찬가지로 분명한 사실이다. 그렇기 때문에 만약 이 의심스러운 문제를 다루어야 한다면, 이러한 사실은 인간의 정의 속에 수용될 수 있다.

8. 답 ⑤

☞ Zola 기본형임. 소거법으로 쉽게 풀림. 하나 더. 선지가 상충하는 것이 있음. 가끔 이런 것들이 평가원에도 나옴. 수험생 입장에서는 득템한 것임! 해설 참고할 것.

갑 – 순자. '예의'를 제정했다는 것에서 순자로 파악하면 됨
을 – 플라톤. 통치자들이 자기만의 것을 가지면 안 된다는 것에서 플라톤으로 파악하면 됨.

ㄱ. 갑: 덕에 따른 정치가 이루어지면 빈부의 격차는 없어진다.
→ 거짓. 예에 따라 재화가 분배되어야 함. 그러면 빈부 차이 생길 수 있음. 이걸로 끝임. 고민할 것 없음.

ㄴ. 을: 통치자들은 절제와 용기가 아닌 지혜를 발휘해야 한다.
→ 거짓. 통치자들은 지혜와 용기와 절제를 갖추어야 함. 기본 지식임.
→ 하나 더. 진짜 상식적으로 판단하면 윤리하면서 '절제' 부정할 사상가가 없음.

ㄷ. 을: 구성원의 사회적 지위 배정에 국가의 관여가 필요하다.
→ 참. 조금 조심해야 할 선지임. 플라톤은 타고난 성향에 따라 사회적 지위가 배정되니까 국가가 관여하지 않지 않나 요라는 질문을 함. 님들 질문은 충분히 타당함. 그런데 누가 타고난 성향을 판단하지? 그리고 타고난 성향을 발휘하도록 교육을 시키는데 그건 누구지? 결국 뭔가 사회 시스템이 있다는 추론이 가능하고, 그 사회 시스템이 국가라 할 수 있을 것임.

ㄹ. 갑과 을: 이상적인 통치자는 절제의 덕을 갖추어야 한다.
→ 참. 이거 부정할 사상가 없지 않을까? 이 선지를 굳이 아래처럼 해설하고 있으면 시간 낭비, 종이 낭비이고, 님들도 아래 해설 보면서 고개 끄덕이면 시간 낭비일 것임.
〔보통 사탐식 해설〕 순자에 따르면 이상적인 통치자는 예에 맞는 절제를 발휘해서 통치할 것을 주장하였다. 플라톤에 따르면 통치자는 절제와 용기와 지혜를 모두 갖출 것을 주장하였다.
→ 하나 더. ㄴ 선지와 상충하기 때문에 서로 힌트가 됨. 참고로 이렇게 문제 만드는 것은 좋지 않음. but 가끔 평가원에도 이런 식으로 나오는 경우들이 있음. 선지 간 관계 활용할 수 있으면 좋음.
→ 그래서 개인적으로 서로 상충하는 ㄴ과 ㄹ이 있는 선지 ④를 선택하는 친구가 없길 바람. 참고로 현강 테스트에서는 아무도 선지 ④는 선택하지 않았음. 다행임...휴~~~

9. 답 ①

☞ Zola 롤스 연습시키기 위한 것임. 난이도는 준킬러 정도 될 것 같음.

제시문에서 롤스라고 확정지을 만한 요소가 있는지는 의문임. 이렇게 제시문을 출제하면 검토 의견에서 롤스임을 확정지을 수

있게 하는 표현이 필요하다는 검토 의견이 나옴. Zola도 그 정
도는 앎. 그냥 문제 만들지는 않음. 그러면 Zola는 그런 것을
알면서 왜 제시문을 그대로 사용했는가? 이유는 하나임. 선지에
서 롤스 이외의 다른 사상가를 섞지 않았음. 그래서 제시문에서
긴가 민가해도 선지 보고 롤스로 맞출 수 있음. 나름 문제 잘 만
드니 걱정 말고 Zola의 문제를 사랑해 주세용~

제시문 롤스로 알고 눈팅해 두셈. 수능에 도움이 될거임!!!

① 정의를 위한 시민 불복종은 그것이 필요한 것임을 확신해야
　한다.
→ 참. 아래 글이 답이자 설명이다. 상식적(?)으로 생각해 봐
　도 시민 불복종이 최후의 수단이기 때문에 이것마저 실패하
　면 좀 곤란해지지 않을까? 그렇기 때문에 적어도 시불을
　하는 사람들은 시불이 필요하다는 확신이 있어야 할 것 같
　다. 무엇보다 법적인 결과 즉 처벌까지 감수해야 하는데,
　필요한 것인지 확신이 없다면 그것도 이상하다.
→ 출처는 별도 다른 설명이 없으면 "정의론"에서 발췌한 것이다.

> 시민 불복종은 최후의 대책이기 때문에 우리는 그것이 필요한
> 것임을 확신해야 한다.

② 다수의 정의감에 호소하지 않는 양심적 행위는 존재하지 않
　는다.
→ 거짓. 〔25-수능〕을 비롯해서 시민 불복종과 양심적 거부의
　차이에 대한 내용들이 나오고 있어서 만들어 본 선지임.
　시민 불복종은 다수의 정의감에 호소하는 것임.
　양심적 거부는 다수의 정의감에 호소하는 것이 아님. 그렇
　지만 양심적임.

> (1) 양심적인 거부 혹은 기피와 시민 불복종 간에는 몇 가지 차
>   이점이 있다. 첫째로 양심적인 거부는 다수자의 정의감에 호
>   소하는 청원의 형식이 아니다. … 공동체의 신념에 호소하지
>   도 않으며 이런 의미에서 양심적 거부는 공개 석상에서의 행
>   위도 아니다. … 양심적인 거부는 반드시 정치적 원칙에 그
>   바탕을 두는 것은 아니며 그것은 법질서와 상반되는 종교적
>   원리나 혹은 다른 어떤 원리에 기초할 수도 있다. … 그러나
>   양심적인 거부가 정치적인 원리에 근거를 둘 수도 있다. …
>   실제적인 상황에서는 시민 불복종과 양심적 거부 간에 분명한
>   구분이 없다는 것은 주목되어야 한다.
> (2) 전투적 행위는 양심적인 것일지는 모르나 그는 다수의 정의
>   감에 호소하지 않는다.

③ 다수의 정의감에 호소하는 청원은 시민 불복종이 아니다.
→ 퀴즈 하나. 시민 불복종은 청원이다? 아니다? 답은 청원이
　다! 기출로 확인됨!
〔18-수능-3〕 시민 불복종은 신중하고 양심적인 정치적 신념의
표현인 청원의 한 형태이므로 공개 석상에서 이루어지며, 어떤
개인적 도덕 원칙이나 종교적 교설이 아닌 공유된 정의관에 의
거해야 한다.
→ 그러면 롤스가 말하는 시민 불복종은 다수의 정의감에 호소
　하는 청원이 된다.

④ 불복종의 정당화 여부는 법과 제도의 부정의한 정도에 영향
　을 받지 않는다.
→ 거짓. 롤스의 부정의가 심각하지 않으면 거의 정의로운 체제
　에서는 그것을 받아들일 의무가 있다고 본다. 즉, 부정의의
　정도가 심각해야 시민 불복종의 필요성이 생기는 것이다.
→ 이걸 틀렸으면 기출 다시 확인 바람.
〔20-수능-18〕 법이 부정의한 정도에 따라 시민 불복종의 정당
화 여부가 달라진다. ○○○

⑤ 종교적 교설이 시민 불복종을 지지한다면 시민 불복종은 종
　교적 교설에 의거해서 정당화된다.
→ 거짓. 교육청에도 유사 선지가 출제가 되었는데 질문이 많
　이 나와서 활용했다.
→ 이 선지의 포인트는 '에 의거'하는 것이다. 의거는 근거한다
　고 보면 됨. 롤스는 시민 불복종의 근거는 '공유된 정의감
　(정의관)'임.

그런데!!!!!
→ 종교적 교설이 공유된 정의관과 일치하면 종교적 교설에 '의
　거'해서 불복종이 가능하지 않냐고 주장하는 분들이 많음.
　여기서 문제는 '종교적 교설＝공유된 정의관'이 아니라는 점
　임. 종교적 교설은 종교적 교설이고 공유된 정의관은 공유된
　정의관임. 둘이 어떤 부분에서 일치하는 것일 뿐임. 둘이 어
　떤 부분에서 일치한다고 해서 둘이 동일한 것은 아님.
　비유하면 불교에서도 사람을 사랑하라고 함. 기독교에서도
　사람을 사랑하라고 함. 그러면 기독교랑 불교가 같은 것
　임?????? 같다고 판단하면 님이 이상한 것 아님?????
→ 그러면 이런 질문도 가능함. 만약 종교적 교설과 공유된 정
　의감이 완벽히 일치한다면 어떻게 되나요? 그러면 그건 종
　교 국가이지 않음???? 롤스의 시민 불복종은 (거의) 정의
　로운 국가에서 발생하는 것임. 그리고 정의로운 국가는 정
　의 1원칙에 의해 종교의 자유가 기본적 자유로 보장되는
　것임. 단편적인 지식 '하나'에 근거해서 사고를 전개시키니
　까 자꾸 꼬이는 것임.
→ 참고로 종교적 교설이나 개인적 신념 등이 시민 불복종을
　지지할 수도 있고 강화할 수도 있음. 굳이 하자면 뒷받침
　수단 정도로는 가능함.
→ 결론. 종교적 교설이 공유된 정의감과 일치하는 경우가 있
　을 수 있음. 그런데 그렇다고 해서 시민 불복종을 종교적
　교설에 의거해서 정당화하는 것은 아님. 시불이 정당하다면
　그것은 공유된 정의감과 일치하기 때문이라고 해야 함. 그
　게 '기준(근거)'임.

10. 답 ③

☞ Zola 일부러 낯선 제시문을 최대한 활용해 보았다. 을은
　익숙하겠지만 갑과 병은 생소할 수 있을 것임. 그러나 제시
　문의 사상가는 몰라도 무슨 입장인지는 판단할 수 있고 또
　있어야 함. 소거법으로 쉽게(?) 풀리는 문제임.

제시문 설명은 아래 참고. 갑-심층 생태주의(생태 중심주의),
을-칸트(인간 중심주의), 병-테일러(생명 중심주의)

제시문	설명
갑: 인간과 지구상에 존재하는 모든 **생명체의 풍부함과 다양성은 그 자체로 본래적 가치**를 지닌다. 현재 자연계에 대한 인간의 간섭은 과도하며, 상황은 급속히 악화되고 있다.	→ 전일론적 입장임을 알 수 있음. 개체론이라면 '생명체'가 '풍부하거나 다양한 것' 그 자체에 가치를 두지 않음. 개체론은 개체 하나 하나가 독자적 가치를 가짐. → 생명체의 풍부함을 공동체로 이해하면 쉬움. 공동체 자체의 가치를 인정하는 것은 전일론임.
을: 어떤 존재가 이성을 갖고 있지 않다면 그것은 수단으로서의 상대적 가치밖에 지니지 않는다. 직접적인 의무는 항상 오직 인간 자신에 대한 우리의 의무이다.	→ 칸트임. → 이성적 존재-절대적(목적적) 가치, 비이성적 존재-상대적(도구적) 가치 → 직접적 의무는 '인간에 대한' 의무. 간접적 의무는 '동식무와 관련한 의무'
병: 인간의 부차적인 이해관계이지만 문명 사회에 고유한 가치를 지니는 것으로 평가해온 것들과 동식물의 기본적 이해관계가 충돌할 경우 열린 자세로 동식물의 피해를 최소화해야 한다.	→ 테일러임. → 테일러의 우선성의 원리 내용 중 일부임. but!!! → 님들은 '동식물'에게 열린 자세로 그들의 피해를 줄여라는 점에서 '동식'이 같이 묶이므로 생명 중심주의로 추측할 수 있음.

ㄱ. A: 생명의 풍부함을 축소하는 행위는 모두 정당화되지 못한다.
→ 거짓. 바나나 선지일 수 있을 듯함. 인간이 살아가기 위해 어쩔 수 없는 경우가 있을 것임!
→ 갑인 심층 생태주의가 명백히 부정함. 나머지 입장을 굳이 생각할 필요는 없음.

〔심층 생태주의, "환경윤리"〕
① 인간과 지구상에 존재하는 모든 생명체의 번성은 본래적 가치를 지닌다. 생명체의 가치는 협의의 인간의 목적에서 나오는 유용성과 무관하다.
② 생명의 풍부함과 다양성은 그 자체로 가치 있고, 인간과 지구상에 존재하는 모든 생명체의 삶이 번성하는 데 이바지한다.
③ 인간은 없어서는 안 될 본질적 필요를 충족시키는 경우를 제외하고는 생명의 풍부함과 다양성을 축소시킬 권리가 없다.
④ 현재 자연계에 대한 인간의 간섭은 과도하며, 상황은 급속히 악화되고 있다.
⑤ 인간의 삶과 문화가 번성하려면 인구가 근본적으로 줄어야 한다. 자연계의 번영을 위해서도 마찬가지다.
⑥ 보다 나은 삶의 조건을 조성하려면 정치적 변혁이 필요하다. 정치적 변혁을 통해 경제, 기술, 이데올로기의 기본 구조를 바꿀 수 있다.

ㄴ. B: 인간 아닌 존재와 관련한 의무는 인간에 대한 의무가 아니다.
→ 칸트만 알면 됨. 칸트는 인간 아닌 존재와 관련한 의무는 인간에 대한 의무로 환원됨. 그래서 이건 거짓임.

〔칸트〕
1. 인간은 통상 한 갓 인간에 대한 의무 외에는 다른 존재자에 대한 의무도 가질 수 없다. … 인간은 다른 존재와 관련한 자기의 의무를 이들 존재자에 대한 의무로 혼동함으로써 이러한 오해로 오도된 것이다.
2. 늙은 말이나 개의 오랫동안 수행한 봉사에 대한 감사마저도 간접적으로는 인간의 의무에 속한다. 곧 이러한 **동물들과 관련한 감사의 정은(Zola: 동물과 관련한 의무)** 그러나 직접적으로 볼 때는 **언제나 인간의 자기 자신에 대한 의무일 따름이다.**

→ 간단 정리하면 이렇게 됨.
  인간: 에 대한 의무
  나머지: 와 관련한 의무.

ㄷ. C: 어떤 존재가 생명을 지녀야만 도덕적 지위를 지닐 수 있다.
→ 참. 평가원 선지 그대로 사용하였음. 국어적인 독해 연습용임. 〔22-수능-14〕 어떤 존재가 생명을 지녀야만 도덕적 지위를 지닐 수 있다.
→ 문장의 의미를 파악해야 함. 인간 중심주의는 살아 있는 인간임, 동물 중심주의는 살아 있는 인간과 동물임. 생명 중심주의는 살아 있는 생명임. 즉, 모두 살아 있어야 함^^ 평가원이 제대로 님들을 낚았음. 적어도 기출은 낚이지 맙시다!!
→ 그런데 생태 중심주의는 무생물을 포함함. 그래서 이 선지는 인간-동물-생명 중심주의의 공통점임.

ㄹ. D: 규범적 원리에 따라 쾌고 감각을 지닌 동물을 대해야 한다.
→ 참. 바나나 선지이지 않을까?? 우리 지금 환경 '윤리'하고 있음. 심층 생태주의, 인간 중심주의, 생명 중심주의 모두 규범적 원리(윤리적 입장)임.
〔16-9-10〕 동물 보호는 인간의 도덕적 실천 과제로 성립 가능하다. 모두 OOO

11. 답 ①

☞ Zola 독해형임. 해설을 봐도 이상하다면 고민하지 말고 이 문제는 버리면 됨. 여러분이 보는 이 실모는 이런 독해형 문제를 최소화한 실모임.

(가)는 배아를 착상 전과 후로 나누어서 다르게 대우해야 한다고 함. 그런데 (나)는 그런 구분 없이 그냥 다 동일하게 다루면 된다고 함. 그래서 ① 시기에 따라 배아를 달리 대우함을 모른다는 비판이 가능함.

②, ③, ④, ⑤ (가)에 해당하지 않음. 그래서 (가)가 제기할 수 있는 비판 내용이 아님.
해설 끝.

12. 답 ③

☞ Zola 죽음관은 동양, 서양 모두 통수를 맞은 적이 있음.
연습용임. 지엽적이라고 하지 말고 연습해 둘 것.

제시문을 일부러 짧게 구성하였음. 그러나 판단할 수 있는 핵심은 모두 있음. 제시문을 보고 사상가 혹은 사상 파악을 못했으면 뭔가 핵심 포인트를 놓치고 있을 가능성이 높음.

제시문	설명
갑: 색(色)·수(受)·상(想)·행(行)·식(識)의 오온에 대해서 알지 못하고, 탐욕을 떠나지 못하면 생로병사에 대한 두려움을 초월할 수 없다.	→ 일단 오온에 대한 지식이 없다면, 탐욕-생로병사-두려움(고통, 괴로움)이라는 단어를 통해 불교를 떠올릴 수 있음. → '오온'은 여러 번 불가 제시문에서 나왔음. 사상가는 석가모니이지만 불가인 것을 알면 그만임. 〔17-9-6〕 중생들의 무리로부터 떨어짐, 오온의 부서짐, 생명의 끊어짐을 죽음이라 한다. 태어남이 있을 때에만 죽음이 있다. 〔19-9-14〕 오온의 새로운 구성이 태어남이고 그 해체가 죽음이다. 죽음은 현세의 업보에 따라 다음 세상에서의 태어남으로 이어진다.
을: 현자는 삶의 부재를 어떤 악이라고 여기지 않는다. 죽음에 대한 사실을 제대로 알면 삶을 제대로 즐길 수 있다.	→ 에피쿠로스임. 도가로 헷갈리려면 안 됨. 도가는 인생에서 쾌락(즐거움)을 추구하지 않음. 참고로 에피쿠로스는 쾌락주의임. 〔18-6-8〕 현자는 죽음을 두려워하지 않는다. 삶이 해를 주는 것도 아니고, 죽음도 악으로 생각되지 않기 때문이다. 그는 긴 삶이 아니라 즐거운 시간을 향유하려고 노력한다.
병: 하늘이 정해 준 때를 마음 편히 여기고 운명에 순응하면 슬픔과 즐거움이 끼어들 수 없게 된다.	→ 슬픔과 즐거움이 끼어들 여지가 없다는 것에서 인간적인 감정을 배제함을 알 수 있음. 혹은 슬픔과 즐거움을 굳이 생각하지 않음 혹은 분별하지 않음을 알 수 있음. 그러면 결론은 도가임. 사상가는 장자이지만 도가인 것을 알면 그만임.

③을 몰라도 나머지 선지를 소거법으로 제낄 수 있어야 함!!!!!

③ 을과 병은 자연의 이치를 알면 죽음을 두려워하지 않는다고 본다.
→ 참. 일단 죽음 두려워하지마는 모두 예스임.
→ 도가는 자연의 이치, 도의 이치를 알면 됨. 자연의 순환이므로 죽음 두렵지 않음. 이렇게 끝임.
→ 그러면 에피쿠로스는? 님이 외운 '원자론'이 자연의 원리임. 에피쿠로스는 자연(우주, 세계)을 원자로 설명함.

〔에피쿠로스〕
우리는 가장 중요한 것들의 원인을 정확히 알아내는 것이 자연학의 과제이고, … 자연학 전체의 주요 원리를 요약한 것이다. … 우리 철학 체계전반을 명확하게 깨우치지 못한 사람들은 **평정심을 얻는 데 가장 중요한 원리들**을 훑어보고 알게 될 것이다.
〔각주〕 에피쿠로스는 자연학 원리들에 대한 지식은 평정심을 얻는 데 가장 큰 역할을 한다고 강조한다.

① 갑은 인간의 구성 요소는 실체이므로 무상(無常)하다고 본다.
→ 불가는 '실체'를 부정함. 핵심 지식임. 실체를 부정하기 때문에 무상하다고 함. 상(일정한 것, 고정적인 것, 실체)가 없음이 무상임.

② 을은 인간의 영혼은 비물질적인 원자로 구성되어 있다고 본다.
→ 원자가 물질적인 것임을 알며 쉽게 풀림. 영혼이든 육체이든 모두 물질적 원자임.

④ 병은 의도적 행위가 삶과 죽음의 순환에 영향을 준다고 본다.
→ 도가는 의도적 행위를 하든 말든 자연의 원리에 의해 삶과 죽음이 순환함.
→ 참고로 불가에서는 의도적 행위를 업으로 봄. 그리고 업으로 인해 삶과 죽음의 순환 즉 윤회가 일어남.

⑤ 갑, 을, 병 모두 삶과 죽음을 분별하지 않는 것이 바람직하다고 본다.
→ 거짓. Zola가 전국 단위 모의고사에 출제해 본 선지임. 외부 검토도 무난히 넘어갔는데, 의외로 오답률이 높음.
→ 불가와 도가는 삶과 죽음 분별 안 함. 이건 기본 지식이라서 설명 필요 없을 듯.
문제는 에피쿠로스임.
→ 에피쿠로스가 죽음은 아무 것도 아니라고 했음. 인간은 자신의 죽음 경험하지 못한다고 했음. 그러면 삶은??? 삶도 아무 것도 아닌가? 삶도 경험하지 못하나?
→ 마찬가지로 에피쿠로스는 삶을 즐기라고 했음. 그러면 죽음은???? 죽음도 즐기라고 했나??? 이걸로 충분히 설명이 되었을 거임.

13. 답 ⑤

☞ Zola 하버마스 기본 확인용임. 이거 틀리면 안 됨. 기출로 여러 번 나온 선지임. 당연 기본 지식임.

준칙 - 법칙 나온다고 칸트라고 하면 님은 바나나 기질이 많은 분임. 사상가들은 많은 용어를 공유함. 특히 칸트 이후 사상가들은 칸트가 워낙 대사상가여서 칸트 용어를 많이 활용함.
제시문 포인트는 자신의 준칙을 '논의하여 검토하자'는 것임. 그게 담론임. 담론 윤리 사상가인 하버마스임.

⑤ 담론 참여자 모두가 수용할 수 있는 타당한 규범이 존재한다.
→ 참. 너무 많이 나와서 굳이 더 설명하지 않아도 될 것 같
   음. 하버마스 '모두' 합의.

① 공적 담론에서는 개인적인 입장 표명은 금지되어야 한다.
→ 거짓. 이것도 여러 번 출제됨. 개인의 의견, 희망 사항, 감
   정 등을 자유롭게 표현할 수 있어야 함.

② 상호 주관적 합의로는 사람들 간의 갈등이 해결될 수 없다.
→ 거짓. 상호 주관성이 있어야 모두 합의가 가능함. 그런데
   이걸로 갈등이 해결 안 되면 합의는 왜 하는 거지?????
   바나나 선지이지 않을까 싶음.

③ 의사소통 과정에서 진리성과 진실성을 구별해서는 안 된다.
→ 진리성과 진실성이 다르다는 것만 알면 판단 가능함. 진리
   성은 참된 진술을 하라는 것이고, 진실성은 속일 생각을 하
   지 말고 진실되게 표현하라는 것임.

④ 이상적 담화의 참여자가 되기 위한 자격은 존재하지 않는다.
→ 거짓. 하버마스가 말하는 '담론'은 '합리적 의사소통'이다. 다
   시 말해 '합리적'일 수 있어야 하고, '의사소통'을 할 수 있
   어야 한다.

14. 답 ②

☞ Zola 노직에 대한 지식의 정확성을 묻기 위해 만듦. 개인
   적으로 기출만 해도 틀리지 않는 문제라고 봄.

(1) ㄱ, ㄷ이 기출로 소거가 됨. 이건 기출로 바로 증명하겠음.
(2) ㄴ은 공부를 해야 함. 제시문에서 추론할 수 있는 일부 근
    거를 제시해 두었음.

제시문이 노직인 것은 설명 안 해도 되겠지?!
그러면 기출로 바로 10초 컷이 되는 ㄱ과 ㄷ부터 먼저 확인하겠음.

ㄱ. 분배 정의를 실현시킬 수 있는 충분조건은 존재하지 않는다.
→ 거짓. 아래 기출 확인.
[21-9-18] 분배적 정의의 완결된 원리는 오직 다음일 것이다.
어떤 분배가 정의로울 충분조건은 그 분배하에서 모든 사람이
자신이 소유하고 있는 것에 대한 소유 권리를 소유함이다.
[20-9-17] 어떤 분배가 정의로울 충분조건은 그 분배하에서
모든 사람이 자신이 소유하고 있는 것에 대한 소유 권리를 소유
함이다.

ㄷ. 각 개인의 소유물이 정당하다고 해서 소유물의 전체 집합
    이 정당한 것은 아니다.
→ 거짓. 이건 국어적으로 해도 됨. 각 개인이 정당함. 그러면
   부정의가 없음. 따라서 전체도 정당함. 끝!
[22-9-10] 한 사람의 소유물은 취득, 이전, 불의의 교정 원리
에 의해 권리를 부여받았으면 정당하다. 각 개인의 소유물이 정

당하다면 소유물의 전체 집합도 정당하다.
[21-수능-10] 소유 권리의 정당성은 취득과 이전, 교정의 과정
에 의해 결정되며, 개인의 소유 권리가 정당하다면 그 사회의
분배도 정의롭다. 그런데 공리주의는 분배 결과에만 관심을 두
어 소유 권리의 역사성을 간과한다.

그러면 ㄴ을 봅시다!!
ㄴ. 비역사적 원리가 아니어도 주는 사람의 권리를 무시할 수 있다.
→ 단계적으로 확인하자.
1) 제시문: 정형적 원리-주는 행위 무시
2) 물음: 역사적 원리 중에도 정형적 원리가 있는가????
→ 2)의 물음에 있다라고 판단하면 ㄴ이 답이 되고, 아니다라고
   판단하면 ㄴ은 오답이다. 그리고 지식적인 판단은 '있다'이다.
→ 지식 근거. 정형에는 역사도 있고 비역사도 있다. 그래서
   역사적인 정형적 원리는 주는 사람의 권리를 무시한다.

> 도덕적 상점(賞點)에 따른 분배 원리는 **정형적인 역사적 원리이**
> 며, 이는 정형적인 분배 상태를 명시한다. 〈I.Q에 따른 분배 원
> 리〉는 분배의 매트릭스 속에 포함되어 있지 않는 정보를 고려하
> 는 **정형적 원리**이다. 하지만 이는 분배를 평가함에 있어 차별적
> 인 소유 권리를 창출하는 과거 행위를 전혀 고려하지 않는다는
> 점에서 **비역사적**이다.

→ 그러면 이게 사설에나 나오는 지엽 중의 지엽일까? 아래
   기출 선지 보고 지엽일지 아닐지는 님들이 판단할 것.
[24-6-8] 지능 지수에 따른 분배 원리는 역사적이고 정형적이
다. XXX. 지능 지수에 따른 분배 원리는 비역사적이면서 정
형적임.

15. 답 ③

☞ Zola 해외 원조에 대한 지식을 강화하기 위해 만든 연습
   문제이다. 틀려도 빡치지 말고 지식들을 확인해 두길 바란
   다. 교육과정 내에서 해결 가능하기 때문이다.

갑이 롤스, 을은 싱어인 것은 설명이 필요없음. 만약 모른다면
님이 공부해야 함. 여기는 지식형 킬러임. 대충 감으로 풀면
안 됨. 참고로 순서도는 다 볼 줄 알죠?????
A(갑O, 을X)
B(갑O, 을은 관련없음)
C(을O, 갑은 상관없음)

③ B: 절대 빈곤과 그에 따른 문맹은 나쁜 것으로 가정되는가?
→ 참. 싱어가 공리주의(기본 중의 기본 지식)임을 이용하면
   됨. 단, 님들 입장에서는 '문맹'이 아리까리할 것임. 알아두
   면 좋을 듯함. 왜냐하면 여기서 '문맹'을 이용하면 선지 ①
   의 교육제도(교육정책) 개선과 연결이 되기 때문임. 원샷
   투킬할 수 있는 지식인데 왜 안 외워????

> [싱어, "실천윤리학"]
> 나는 절대빈곤과 그에 따른 배고픔, 열악한 영양상태, 주거의 부
> 족, 문맹, 질병, 높은 유아 사망률, 낮은 평균수명 등을 나쁜 것
> 이라고 가정한다.

① A: 교육 제도를 개선하기 위한 원조가 정당화될 수 있는가?
→ 참. 접근법 쉬움.

사상가	기본 지식	우리의 사고법
롤스	목적: 정의로운 사회 만듦	교육 제도 개선이 정의로운 사회 만드는데 기여할 수 있겠지! 끝!
싱어	목적: 공리성 확보	교육 제도 개선이 사회 전반적인 행복 증진에 기여할 수 있겠지! 끝! + 지식: 앞에서 문맹이 나쁜 거라며. 그러면 문맹을 제거하기 위해 교육 제도 개선 필요하겠네. 끝!

> [싱어, "실천윤리학"]
> 우리는 빈곤한 나라들을 도와서 그 나라의 가장 빈곤한 사람들의 생활수준을 향상시킬 수 있다. 이러한 나라들이 정부를 고무하여 토지개혁법을 제정하고, 교육을 개선하고, 여성들을 교육하여 단순히 아이 낳는 역할에 대한 대안을 제공할 수 있다.

② B: 원조 능력이 있는 주체는 원조에 동등한 부담을 져야 하는가?
→ 기출임.
[20-수능-15] 모든 사람은 빈곤 해소를 위한 원조에 동등한 부담을 져야 한다. XXX
→ 그런데 이것은 약간 바나나틱함. 놀라운 사실 2개 알려주겠음.
놀라운 사실 1. 어느 해인가 이지영샘이 기부를 5억을 했다고
  함(언론 인터뷰 내용임)
놀라운 사실 2. 어느 해인가 Zola는 토스앱 사용자 중에서 기
  부 상위 1%임.
그런데
Zola는 기부로 5억의 부담을 질 수는 없음. ㅜㅜ

④ C: 공유된 정의감으로 규제되는 사회만이 원조의 대상인가?
→ 거짓. 롤스 기본 지식임. 공유된 정의감으로 규제되는 사회
  면 질서 정연한 사회임. 얘네들은 원조 대상 아님.

⑤ C: 비자유적 만민이 원조의 주체가 될 수 있는 경우는 없는가?
→ 거짓. 최근 나온 기출 제시문 확인!
[26-6-15] 질서 정연한 사회는 불리한 여건으로 인해 고통받
는 사회를 원조해야 할 의무가 있다. 이러한 원조 의무는 모든
사회가 정의롭고 자유적인 기본 제도 또는 **비자유적이지만 적
정 수준**의 기본 제도를 갖출 때까지 유효하다.
→ 비자유적이지만 적정 수준이면 질서 정연한 사회임. 질서
  정연하면 원조 주체가 될 수 있음.
→ 외우자. 질서 정연은 2 종류가 있음. 둘 중 하나면 질서 정
  연한 것임. (1) 자유적 만민. (2) 비자유적이지만 적정 수
  준의 만민. (1)과 (2)는 각각 질서 정연한 애들로 분류됨.
  참고로 (1)과 (2)는 정치 제도의 종류라고 보면 됨. 공산
  주의이든가 자본주의이든가 이런 분류임. 공산주의이면서
  자본주의는 없음. 다시 말해 어떤 한 나라가 (1)이면서
  (2)이어야 하는 것이 아님. 그렇게 될 수가 없음.

16. 답 ②
☞ Zola 새로운 선지들을 활용해 본 연습용 문제임. 틀리더라
  도 원전 내용 확인하고 지식화 해두길 바람.

갑-루소, 을-칸트임을 설명할 필요는 없을 듯. 이 정도는 이
문제집을 푸는 님들이 알고 있기를 바람.
지금부터 선지를 하나 하나 지식형으로 설명하겠음.

① 갑: 살인범에 대한 사형은 주권자가 실행할 수 있는 권리이다.
→ 거짓. 이전 수특 교재에 있는 선지 활용했음. 왠지 끌림.
  ㅋㅋㅋ 이 선지는 사회계약론에도 나올 수 있음.

> [루소]
> 범죄인의 유죄 판결은 ⋯ 주권자가 할 일이 아니다. 범죄자의 유죄 판결은 주권자가 위임할 수는 있지만, 자신이 스스로 행사할 수 없는 권리이다.

→ 진짜 대충하자면(근데 이게 잘 통하는 경우가 있음), 주권
  자는 우리임. 우리가 직접 사형을 집행할 수는 없지 않
  니??? 누구한테 맡기는 것이 낫지 않을까???
→ 사회계약론으로 보자면 형벌권은 국가가 가지고 행사하는 것임.

② 갑: 생명을 보존하기 위해 다소의 위험한 수단이 허용된다.
→ 참. 지식(사고) 구조는 아래와 같음.

목적	수단
생명 보존	사형, 생명박탈(다소 위험한 수단)

> [루소]
> 사회계약은 계약자의 생명 보존을 그 목적으로 한다. 목적을 원하는 사람은 그 수단도 요구한다. 그리고 이 수단은 다소의 위험과 때로는 상당한 희생까지도 수반한다. 타인의 희생으로 자기의 생명을 보존하려고 하는 사람은 타인을 위해 필요하다면 자신도 생명을 희생해야 한다.

③ 을: 범죄자에게 고통을 부과하는 형벌은 그 자체로는 옳지
  않다.
→ 거짓. 이 선지 틀린 분은 2가지 지식에서 문제가 될 수 있음.
지식 1. 형벌은 정언명령이다.
지식 2. 정언명령은 그 자체로 옳다.
지식 1이 틀렸으면 이건 여기서 보충하면 됨.
지식 2가 틀렸으면 이건 칸트 의무론 이론에서 결함이 있음.

> [칸트]
> 평화를 사랑하는 사람들을 괴롭히거나 고통을 주는 일을 좋아하는 사람이 마침내 그러한 행위에 상응하는 고통을 당할 때, 그것은 분명 나쁜 일이기는 하지만 사람은 누구나 그에 찬성하고, 비록 거기서 유익한 것이 생겨나지 않더라도 **그 자체로 옳은 것으로 여긴다.**

④ 을: 사형은 삶과 죽음이 같은 종류의 것임을 보여주는 형벌
이다.
→ 거짓. 삶과 죽음은 다른 것임. 정신 차리셈!

〔칸트〕
그가 살인했다면 그는 죽어야만 한다. **이 경우에 정의의 충족을
위한 대체물은 없다.** 제아무리 고통 가득한 생이라 해도 **생(生)
과 사(死) 사이에 동종성은 없다.** 그러므로 범인에게 법적으로
집행되는 사형 외에 범죄와 보복의 동등성은 없다.

⑤ 갑과 을: 사형을 대체할 수 있는 정의로운 형벌이 존재한다.
→ 거짓. 루소는 사형 또는 추방형임. 그런데 칸트는 사형이 살인
  범에 대한 유일한 '정의로운' 형벌임. 위 인용문에서 확인됨.
→ 무지성으로 교육과정 이탈하는 내용 공부하는 분들이 칸트
  사형 말고 다른 형벌 된다고 하던데요라고 들이댐. 칸트는
  분명 위처럼 사형을 대체할 정의로운 형벌은 없다고 했음.
  님이 외운 것은 '맥락'이 다름. 앞뒤 맥락을 빼고 외우면 이
  상한 오개념들이 생김. 교육과정을 넘어서는 내용을 외울
  거면 반드시 앞뒤 맥락을 확인해서 공부하시길 바람. 단,
  Zola는 교육과정 이탈되는 공부를 추천하지는 않음. 그 시
  간에 국어나 수학 혹은 다른 탐구 공부하는 것이 훨씬 님들
  입시에 도움됨.
→ 원전 근거는 제시함. 단, 아직까지는 이거 알 필요 없다고
  봄. 이거 알아야 하는 때가 온다면 오르비 입시 사이트를
  통해서 공지 올리겠음.

〔칸트〕
주권자는 이러한 비상사태에서는 스스로 재판관이 되어, 사형
대신에 범죄자들에게 국민 다중이 유지될 다른 형벌을 내리는
판결을 할 권능을 갖지 않으면 안 된다. 그러나 이러한 것도 **공
적 법칙〔법률〕에 의한 것으로서가 아니라**, 사면〔특사〕으로서,
오직 언제나 개별 사례로 행사될 수 있는 대권(大權) 행위에 의
한 것이어야 한다. … 사면권은 주권자의 모든 권리 중에서 아마
도 가장 미묘한 것으로, 그것은 자기의 위대성의 광휘를 증명하
면서도 **그를 통해 고도의 불법을 행하는 것이다.**

17. 답 ①

☞ **Zola 생윤 고득점자의 특징 중의 하나가 학습의 불균형이다.
보통 킬러 주제라는 것에 집착하면서 다른 주제에 대한 개념
또는 사상가 학습이 부족하다. 이 문제는 그런 생윤 고득점
바나나들을 저격하기 위해 만든 문제이다.**

갑은 갈퉁, 을은 모겐소임. 참고로 모겐소라는 사상가는 몰라
도 현실주의라는 개념은 알아야 함.

① 갑: 폭력은 인간의 기본적 필요 충족을 침해하는 행위이다.
→ 참. 갈퉁이 말하는 폭력의 의미임. 외워두시면 유용하게 쓸
  때가 있을 것임. 정답은 이것으로 끝임.

② 갑: 정치적 억압이나 경제적 착취는 직접적 폭력에 해당한다.
→ 거짓. 폭력의 종류를 구분할 줄 아는지를 묻는 것임.

〔17-6-18〕
폭력을 줄이는 것도 중요하지만, 폭력을 예방하는 것이 더 중요
하다. 전자는 소극적 평화를 목표로 하지만, 후자는 적극적 평화
를 지향하는 것이다. 따라서 **전쟁, 테러, 폭행 등 신체에 직접 해
를 가하는 직접적·물리적 폭력**이 제거된 소극적 평화 상태뿐만
아니라, **억압, 착취 등의 구조적 폭력**과 종교와 사상, 언어와 예
술, 과학과 법, 대중 매체와 교육의 내부에 존재하는 문화적 폭
력까지 모두 사라진 적극적 평화 상태를 추구해야 한다. 또한 목
적이 수단을 정당화할 수 없듯이, 평화는 평화적 수단으로만 이
루어져야 한다.

③ 을: 경쟁국가의 행동의 경향성을 예측하는 것은 불가능하다.
→ 거짓. 기출 선지임.
〔23-수능-13〕 경쟁 국가의 행동의 경향성을 예측하는 것은 가
능하다. ○○○
→ 현실주의(그리고 이상주의) 모두에 해당하는 설명임. 두 이
  론 모두 '본성'이 정해져 있다고 봄. 즉, 애들이 원래 그래.
  그래서 걔네들끼리 모이면 아마 이렇게 될거야라는 예측(경
  향)이 가능함.

④ 을: 국내 정치와 국제 정치 모두 법을 통한 지배는 효과가
  없다.
→ 거짓. 모겐소(현실주의) 기본 지식임. 국내 사회는 법적 지배
  가 잘 통함. 그런데 국제 사회는 법적 지배가 잘 안 통함.

〔모겐소〕
국내법의 경우 법을 통한 지배는 유효한 행동 지침이 된다. 일단
입법화되면 기존의 법적 질서와 강제력의 틀 속에 자리매김하기
때문이다. 하지만 그와 같은 법적 질서와 강제력의 틀이 국제 정
치에는 존재하지 않는다. 국제 정치에서 법의 지배란 단지 극히
위태로운 세력 균형에 의해서만 지탱될 수 있을 뿐이다. 국제법
의 지배란 비효율적 허구에 지나지 않는다.

⑤ 갑과 을: 국가들이 군대를 보유하는 것은 평화와 양립할 수
  없다.
→ 갈퉁은 군대 인정하지 않는다라는 오개념 가진 분들이 많아
  서 그분들을 위해 만든 선지임. 다른 이유는 없음.
→ 갈퉁과 모겐소 모두 부정하는 선지임.

〔갈퉁〕
여기에서 제기되는 논의는 군대를 폐지하기 위해서가 아니라,
군대에 새로운 임무를 부여하기 위한 것이다. … 반드시 군대가
없어져야 한다는 것이 아니며, 더구나 미덕까지 없어져야 한다
는 것은 아니란 뜻이다. 군대에 새로운 임무를 부여하자. 공격적
이고 대외적인 전쟁을 단거리의 전통적인 방어나, 준군사적 또
는 비군사적 방어와 같이 방위적 수단에 의한 방위적 방어로 대
체하도록 하는 것이다. 순수한 방어는 어느 누구도 자극하지 않
고 두려움도 주지 않으면서도, 공격 행위를 강력하게 저지할 것
임을 분명하게 해준다.

18. 답 ④

☞ Zola 프롬의 '사랑'에 대한 문제를 뇌피셜로 푸는 분들을 저격하기 위해 만든 연습용 문제임. 프롬의 사랑은 우리가 생각하는 사랑과 다른 부분이 있음. 잘 확인해 둘 것!

제시문은 프롬이다.

① 능동적이면서 성숙한 사랑에서는 모순이 성립하지 않는다.
→ 거짓. 주의해야 할 선지임. 왠지 성숙한 사랑에 모순이 있으면 안 될 것 같음. 그런데 프롬은 그게 아님. 성숙한 사랑은 둘이면서 하나가 되고 하나면서 둘임을 인정하는 것임. 그래서 모순적임.

> 성숙한 사랑은 '개인의 통합성, 즉 개성을 유지하는 상태에서의 일치'이다. 사랑은 '인간에게 능동적인 힘'이다. 인간을 타인과 분리시키는 벽을 허물어 버리고 타인과 일치시키는 힘이다. 사랑은 고독감과 분리감을 극복할 수 있게 해주며 동시에 각자에게 자기의 특성을 유지할 수 있게 해주고 통합성을 유지시킨다. **사랑에서는 두 존재가 하나가 되지만 동시에 따로따로 남는다는 모순이 성립한다.**

② 책임은 자발적인 것이 아니라 외부로부터 부과되는 것이다.
→ 거짓. 이것은 쉽게 풀릴 듯함. 내 스스로가 책임을 가지는 것임. 원전에 나오는 내용이지만 생략해도 될 것 같음.

③ 사랑을 준다는 것은 받는다는 전제하에서 이루어져야 한다.
→ 거짓. 이것도 쉽게 풀림. 너가 주면 내가 줄게. 이게 사랑임?
→ 기출에 사랑은 '교환'이 아니라고 했음. 즉 니가 주면 내가 줄게가 아님.

④ 개성을 유지하는 상태에서 상대방과의 일체감을 형성할 수 있다.
→ 참. 위 인용문에서 확인됨. 근데 어찌보면 너무 당연한 말 아닌가?

⑤ 존경은 사랑하는 사람을 있는 그대로 보면서 경외하는 것이다.
→ 이건 조심. 기출에 나오는 내용임. 사랑은 존경은 맞는데 '경외·외경'은 아님. 여기서 '외'는 두려움을 의미함. 사랑은 두려움은 아님.
[23-수능-17] 제시문: 존경은 상대방에 대한 두려움이나 외경이 아닙니다. OOO
→ 참고로 이것은 교육청에서 먼저 문제로 만든 것임. 평가원 '만' 보지 말고 교육청 '도' 봐두면 건지는 것이 있을 것임.
[17-3교-7] 사랑은 상대방에 대한 외경으로써 자신을 희생하는 것이다. XXX 외경X, 희생X

19. 답 ③

☞ Zola 너무 쉬운 주제나 문제들 빼고 킬러 연습용으로 추가한 문제임. 베카리아 연습하자는 취지임. **계약론과 공리론의 기본 개념과 형벌에서 아직 강조가 되지 않은 부분을 중심으로 선지를 선별하였음.**

제시문 사상가를 '베카리아'로 확정지을 수 있는 것은 제시문에서 지속성을 언급하는 부분이다.
제시문에서도 중요한 선지들이 포함되어 있으므로 제시문도 잘 확인하길 바란다!
일단 문제를 풀기 위해서는 베카리아가 '사회계약론'과 '예방론(공리론)'이 합쳐진 사상가라는 교과 지식이 있어야 함.
선지는 모두 예방론과 계약론 개념과 연결성이 높은 선지로 구성하였음. 그냥 아무렇게나 선지 모은 것 아님. 해설 확인할 것.

ㄱ. 형벌은 범죄로 이끄는 유혹에 비례하여 설정되어야 한다.
→ 참. 문장 독해만 할 줄 알면 충분히 판단 가능한 선지이다.
→ 예방론(공리론)과 관련되는 선지임. 22년 4월 교육청에서 활용된 선지인데, 벤담과 베카리아 공통 입장으로 출제되었음.
→ 범죄로 이끄는 유혹은 범죄로 인한 이익으로 보면 된다. 그러면 범죄로 이끄는 유혹이 클수록 즉 범죄로 얻는 이득이 클수록 형벌도 커져야 범죄 억제 효과가 생길 수 있다. 원전 내용일 뿐만 아니라 충분히 우리의 독해력과 사고력으로도 OX 판단이 가능하다.

> [베카리아, "범죄와 형벌"]
> 범죄가 적을수록 사회에 이익이 된다. 사회에 초래하는 해악이 큰 범죄일수록 적게 생겨나는 것이 공익에 합치된다. 따라서 범죄를 억제할 수 있는 장애물의 크기는 그 범죄가 공익에 반하는 정도에 비례하여, 그리고 범죄로 이끄는 유혹에 비례하여 설정되어야 할 것이다. 요컨대 형벌은 범죄에 비례해야 하는 것이다.

ㄴ. 국민들이 법률을 두려워하지 말고 존중하는 것이 바람직하다.
→ 거짓. 예방론의 개념은 억제, 통제, 두려움 등의 핵심어로 설명할 수 있고, 최근 여러 차례 기출로 출제가 되었다.
→ 참고로 '존중하도록 해야 한다'는 것은 Zola가 님들 낚으려고 추가한 표현일 뿐이다.
[20-수능-14] 형벌에는 시민에게 공포감을 주려는 의도가 포함되어 있는가? 베카리아 OOO, 칸트 XXX
[23-9-12] 일반 시민이 법을 두려워하지 않도록 형벌을 집행해야 한다. 베카리아 XXX

> [베카리아, "범죄와 형벌"]
> 여러분은 범죄를 예방하기를 원하는가? 먼저 법률을 간단·명료하게 하라. … 법률이 어떤 특정 집단을 편애할 것이 아니라 개인 개인을 평등하게 보호하도록 하라. **국민들이 법률을 두려워하되, 오직 법률만을 두려워하도록 하라. 법률을 두려워하는 것은 바람직하지만,** 다른 인간들을 두려워하게 되는 것은 온갖 범죄의 원천이 된다.

ㄷ. 법은 각 사람의 개인적 자유 중 최소한의 몫을 모은 것이다.
→ 참. 계약론과 관련되는 선지임. 논리는 간단함. 법-최소한의 집합. 생명-최대의 가치. 따라서 법(최소한의 집합) 안에 생명(최대의 가치)이 포함 안 됨. 결국 생명을 좌지우지하는 법은 불가능하다는 것임.
이 부분은 루소와 대비되는 부분이기도 함. 루소가 자신의 '모든' 것을 '전적'으로 공동체에 양도하여 일반 의지에 의한 법을 만드는데 반해 베카리아는 최소한만 양도하여 법을 만듦.

→ 기출 제시문 확인
〔23-수능-19〕 법은 각자의 자유 중 최소한의 몫을 모은 것으로 일반 의사를 대표한다. 생명의 포기는 그 최소한의 몫에 포함되지 않는다.

〔베카리아, "범죄와 형벌"〕
인간은 무슨 권리로 그의 이웃을 도살할 수 있는 것인가? 주권과 법의 원천이 되는 권능으로부터 나온 것은 확실히 아니다. **법은 각 사람의 개인적 자유 중 최소한의 몫을 모은 것 이외의 어떤 것도 아니다.** 법은 개개인의 특수의사의 총체적 일반의사를 대표한다. 그런데 자신의 생명을 빼앗을 권능을 타인에게 기꺼이 양도할 자가 세상에 있겠는가? **각 개인의 자유 가운데 최소한의 몫**의 희생 속에 어떻게 **모든 가치 중 최대한의 것인 생명** 그 자체가 포함된다고 해석할 수 있을까? 만일 이 같은 점을 수긍할 수 있다면, 그 원칙이 자살을 금지하는 다른 원칙과 어떻게 조화될 수 있는 것인가? 인간이 자신을 죽일 권리가 없는 이상, 그 권리를 타인이나 일반사회에 양도하는 것 역시 불가능한 것이다.

20. 답 ②

☞ Zola 형식 측면에서 신유형에 해당함. 그러나 '윤리'로 넓히면 신유형은 아님. 예전에 사용된 적이 있음. 그리고 ebs에서도 몇 번 나온 적이 있는 유형임. 수능에서 보더라도 당황하지 말 것.

제시문은 칸트의 "영구 평화론"임. 제1장(㉠)은 예비 조항이고, 제2장은 확정(실천) 조항임.
두 내용 모두 기출 및 ebs에서 다루었기 때문에 제시문 파악을 실패하신 분들은 칸트 영구 평화론을 확실하게 백지 복습하길 바란다.

ㄱ. ㉠은 국가 간의 영구적인 평화를 위한 전제조건이다.
→ 참. 예비 조항과 확정 조항의 관계를 파악하고 있는지 묻는 문항임.
→ '예비'가 무슨 말인지 알지?!! 그대로 해석하면 됨. 예비 혹은 준비 단계라고 보면 됨. 아래의 참고 자료 확인할 것!
〔이전 수완〕 칸트는 국가 간 영구 평화를 위한 여섯 항목의 예비 조항을 제시했는데, 이는 영구 평화를 위한 일종의 전제 조건이라고 할 수 있다.

ㄴ. ㉠의 모든 조항들은 즉각 시행되어야할 엄격한 조항들이다.
→ 거짓. 예비 조항 중에는 당장 시행해야 할 것도 있고 점진적으로 시행해야 할 것도 있다. 다 외울 필요는 없고 2개는 확실히 외우자.
(1) 평화 조약: 지금 전쟁하는 것은 '당장' 종식해라!
(2) 상비군: 상비군은 '점차' 그러나 완전히 철폐해라!

ㄷ. ㉡은 독립 국가의 자국 방어를 위해 전쟁을 일으킬 권리를 인정한다.
→ 거짓. 국제법이든 뭐든 평화를 위한 것이면 전쟁을 일으키는 것은 아니지 않을까???

→ 칸트가 방어 전쟁을 허용한다는 지식을 갖고 이 선지를 참이라고 판단하신 분들은 Zola가 강조하는 '라인'이 무슨 말인지 모르는 분들이거나 그것의 활용이 아직은 부족한 분들이다. 님들이 말하는 방어 전쟁이 예비 조항 라인과 확정 조항 라인 중에서 어느 라인에 있는지 아는가? 방어 전쟁은 예비 라인에 있다. 그리고 ㉡은 확정 조항 라인이다. 라인이 전혀 다른데, 그냥 막 들이대지 마라!

〔칸트, "영구평화론"〕
국제법이 전쟁으로의 권리를 정당화하는 법을 포함하고 있다면, 이러한 국제법의 개념은 본질적으로 무의미하다. (왜냐하면 이러한 국제법은 개별 민족의 자유를 제한하는 보편타당한 외적 법에 의해서가 아니라, 폭력을 통해서 일방적인 원칙에 의해서 결정하는 법이 되기 때문이다.)

ㄹ. 평화 연맹은 주권 국가들의 자유를 보장하는 것에 관여한다.
→ 참. 국제법의 국제 연맹(평화 연맹)에 대한 진술이 지식형으로 출제되고 있다. 그래서 평화 연맹에 대한 그 다음 지식형 선지들을 준비해야 할 것 같은데, 이미 ebs에서 사용된 선지여서 평가원의 활용 가능성이 높을 것 같다.
→ 원래는 자유를 보장하는 것에'만'이라고 표현했었다. 난이도 조절을 위해서 표현을 조금 쉽게 각색했다.

〔칸트, "영구평화론"〕
평화 상태는 민족들 상호 간의 계약 없이는 구축될 수 없고 보장될 수도 없다. 그렇기 때문에 평화 연맹이라고 부를 수 있는 특수한 종류의 연맹이 있지 않으면 안 된다. 평화 연맹은 모든 전쟁을 영구히 종식시키고자 한다. **평화 연맹은 국가의 어떠한 권력 취득에도 관심이 없으며 오로지 한 국가 그 자신과 동시에 다른 연맹 국가들의 자유를 유지·보장하는 데에만 상관하고, 그**러면서도 이 국가들을 공법과 공법하에서의 강제 사항에 복속시킬 필요는 없다.

2회 Zola Guide

빠른 답 확인									

1	2	3	4	5	6	7	8	9	10
⑤	⑤	①	③	④	②	②	①	③	⑤
11	12	13	14	15	16	17	18	19	20
④	③	④	①	②	④	②	③	⑤	⑤

1. 답 ⑤

☞ Zola 1회와 마찬가지로 그냥 점수 주기는 싫고 조심하자는 취지에서 출제하였다. 주어진 자료는 천재 교과서에 있는 자료를 변형하였음을 밝혀둔다. 아래 자료 참고하면 됨.

〔교과서 자료(천재)〕 윤리 문제를 다양한 방법으로 탐구하기

기술 윤리학은 사회의 도덕적 질서 내에서 사실적 의미를 탐구하며, 규범 윤리학은 구체적인 도덕 판단의 타당성과 그 근거에 대해 묻는다. 메타 윤리학은 도덕적 언어의 의미나 도덕적 진술의 논리적 구조 등을 분석한다. 도덕 판단이 필요한 하나의 윤리 문제에 대하여 이 방법들을 모두 사용할 수 있다.

예를 들어 인간 배아 세포를 이용한 실험에 대한 도덕 판단을 내릴 때 관련된 사실 자료들을 분석하고, 이를 토대로 허용 여부에 대한 가치 판단을 내릴 수 있으며, 이러한 분석 및 사고 과정에서 사용되는 용어의 정확한 의미를 분석할 수 있다.

기술 윤리학적 접근	규범 윤리학적 접근	메타 윤리학적 접근
(예)'인간 배아 세포를 이용한 실험이 인간 존엄성을 훼손하는가?'에 대한 설문 조사에서 생명 공학 전문가 집단의 70%는 '그렇다'라고 답했다.	(예)인간 배아 세포를 이용 실험은 인간 존엄성을 훼손하기 때문에 허용해서는 안 된다.	(예)인간 배아 세포를 이용한 실험과 관련하여 사용되는 '인간'의 의미는 무엇인가?

(가) 기술 윤리학, (나) 규범 윤리학, (다) 메타 윤리학임. 더 설명할 필요는 없음.

윤리학 구분의 경우 최근에 유형이 2개로 한정되어서 나옴. 그래서 수험생들도 주로 거기에'만' 적응됨. 참고로 2개 유형은 (1) '핵심 과제' 묻는 것이거나 (2) '비판형'이다. 여튼 유형이 그렇다 보니 조금만 유형에서 벗어나도 정답률이 10%p 이상 낮아짐. 자주 나오는 유형이 아닌 것을 대비하는 문제임.

우선 선지 ⑤를 보자.
⑤ (나)는 도덕 판단을 위해서 (다)의 연구 결과를 활용할 수 있다.
→ 참. 이 선지는 (나)와 (다)의 핵심 과제나 비판적 관계를 묻는 것이 아니다. (다)의 연구 결과를 (나)에 활용할 수 있는지를 묻고 있을 뿐이다.
→ 메타 윤리학의 연구 결과나 기술 윤리학의 연구 결과는 당연히 규범 윤리학에 활용이 된다. 사람들의 무슨 생각을 하는지 알아보는 것이 기술 윤리이고, 그 생각이 타당한지를 따져보는 것이 규범 윤리이다. 또한 도덕 규범에 사용되는 용어나 논리를 탐구하면 그게 메타 윤리학이다.
→ 22-9-1-⑤를 활용함.
〔22-9-1-〕 ⑤ 규범 윤리학은 윤리 이론을 정립할 때 메타 윤리학의 연구 결과를 활용할 수 있다. ○○○

나머지 오답되는 선지는 아래 해설 참고하면 됨.
① (가)는 도덕 판단의 논리적 규칙 검증을 핵심 과제로 한다.
 + ② (나)는 도덕 판단에 필요한 규범을 언어적으로 분석하고자 한다.
→ 두 선지는 메타 윤리학에 대한 설명임.

③ (다)는 사람들의 인식의 변화를 있는 그대로 기술하려고 한다.
→ 기술 윤리학에 대한 설명임.

④ (가)는 (나)와 달리 윤리적 쟁점의 구체적 해법 제시를 중시한다.
→ 윤리적 쟁점의 구체적 해법이면 규범 중에서도 실천이다. (가)와 (나) 중에서는 (나)에 맞는 진술이다.

2. 답 ⑤

☞ Zola 생윤 과목의 특성상 윤리 이론을 묻는 문제는 윤사보다는 난이도가 낮다. 그런데 쉬운 출제에 수험생들이 공부를 맞추다 보니 간단한 지식형 선지들이 나왔을 때 의외로 정답률이 낮게 나온다. 실제 23-수능(4번 문제)에서 아리스토텔레스의 덕윤리 묻는 문제의 정답률 50%밖에 안 되었다(ebs 기준 56%). 그 때 정답률 낮은 이유가 윤사처럼 선지가 출제되었기 때문임. 윤리 이론은 생윤 아니고 윤사라고 생각하고 공부하길 바라는 마음에서 출제하였음.

갑이 공리주의라는 것은 쉽게 파악할 수 있을 듯. 사상가는 벤담임. 참고로 공리주의인데 사상가 특징이 명확하지 않으면 벤담일 가능성이 높음.
을은 칸트임.
이 정도 제시문이면 추가 설명은 필요 없을 듯함.

각 선지에 대한 사상가별 판단을 간단히 정리하면 아래와 같음.

선지	벤담(갑)	칸트(을)
① 타인을 배제한 개인적 행복을 도덕원리로 삼을 수 없는가?	응	응
② 보편적 도덕 원리를 준수하는 것으로 행복한 삶이 보장되는가?	????	아니
③ 행위의 도덕성을 판단할 수 있는 보편적인 원리가 있는가?	응	응
④ 도덕적 행위의 판단 기준은 쾌락의 양과 질에 두어야 하는가?	아니	아니
⑤ 오직 의무가 문제일 때는 행복을 전혀 고려하지 말아야 하는가?	아니	응

① 타인을 배제한 개인적 행복을 도덕원리로 삼을 수 없는가?
→ 이런 선지 조심해야 함. 한 문장에서 사상가의 판단 뽀인트(point)가 달라짐. 아래 설명 잘 확인할 것.
→ 칸트: 도덕 원리와 행복은 별개임. 그래서 행복이 도덕원리가 안 됨.
[칸트 시각] 타인을 배제한 개인적 **행복을 도덕원리로 삼을 수 없는가?**
　　　　　　　　　　　　　└ OOO ┘
→ 벤담: 도덕 원리가 행복은 맞는데 개인적이 아니라 사회적 행복임. 사회적 행복은 이해 당사자 모두의 행복의 총합임. 즉 특정 개인이 배제되지 않음. '총합'이므로.
[벤담 시각] **타인을 배제한 개인적** 행복을 **도덕원리로 삼을 수 없는가?**
　　　　　　└ OOOOOOOOOOOOOOOOOO ┘

② 보편적 도덕 원리를 준수하는 것으로 행복한 삶이 보장되는가?
→ 칸트: 도덕과 행복은 양립은 가능해도 별개임. 그래서 도덕이 행복을 보장 못함.
→ 벤담: 도덕 원리가 사회적 행복임. 행복한 삶이 만약 모든 개개인을 의미한다면 누군가가 고통을 당해도 사회적 행복은 달성될 수 있음. 그래서 애매함. 너무 따지지 말고 벤담은 개인적 행복과 사회적 행복의 조화를 추구하였다는 점은 알아둡시다.

③ 행위의 도덕성을 판단할 수 있는 보편적인 원리가 있는가?
→ 칸트의 도덕 법칙이나 벤담의 공리성은 보편적 원리임.

④ 도덕적 행위의 판단 기준은 쾌락의 양과 질에 두어야 하는가?
→ 칸트: 쾌락과 도덕은 별개
→ 벤담: 쾌락의 양과 질을 모두 판단하는 것은 질적 공리주의(밀)임.

⑤ 오직 의무가 문제일 때는 행복을 전혀 고려하지 말아야 하는가?
→ 칸트: 예스. 의무만이 문제일 때 즉 도덕 판단만 필요할 때에는 행복은 1도 생각하지 말고 오로지 도덕만 생각하면 됨. 주의할 점은 칸트가 행복 자체를 부정한 것이 아님. 도덕적인 문제에 행복 끌고 오지 마라는 것임.

〔칸트〕
도덕의 원리와 행복의 원리를 구별하는 것이 양자의 대립을 의미하는 것은 아니다. 순수한 실천 이성이 바라는 것은 **오직 의무가 문제일 때에** 행복을 전혀 고려하지 말아야 한다는 것이다.

→ 벤담: 노!!! 의무가 문제인 것이 도덕 판단이 필요한 경우임. 당연 행복 생각함.

3. 답 ①

☞ Zola 수완 플라톤의 죽음관 한 번 더 보고 들어가자는 취지에서 출제한 문제임. 수완 보면 철학은 죽음을 연습하는 것이라는 얘기가 있는데, 이게 배경을 모르면 그냥 멍멍이 소리임. 일단 제시문에 넣어 두었음. 그리고 그 의미가 바로 선지 ①임. 선지 설명 참고할 것. 그냥 만든 것이 아니라 수완 학습을 보완하는 의미에서 만든 문제임. 이 실모에 있는 문제들은 그냥 점수 주려고 만든 문제가 1개도 없음. 다들 사연(?)이 있는 문제들이니 잘 챙겨서 보시길 바람.

갑이 플라톤, 을이 에피쿠로스인지는 설명하지 않아도 될 정도는 되어야 함. 에피쿠로스의 '죽음은 아무 것도 아니다.'라는 말을 외워두면 좋음.

① 갑: 살아 있는 동안에는 육체의 본성에 물들지 않아야 한다.
→ 참. 철학은 죽음을 연습한다는 말이 무슨 말일까? 인간이 죽으면 순수한 영혼만 남게 됨. 그러면 영혼 정확히는 이성을 통해 그토록 갈망하던 이데아를 인식할 수 있음. 그런데 철학은 이성을 순수하게 만드는 작업임. 순수해지려면 육체적인 제약에서 벗어나야 함. 그래서 살아 있는 동안에 철학을 하면서 육체의 본성에 물들지 말라는 것임.

〔플라톤〕
우리가 살아 있는 동안에는 가능한 한 육체와 관계를 맺지 않고 육체의 본성에 물들지 않고, 신(神)이 우리를 해방시켜 줄 때까지 우리들 자신을 순수하게 간직해야만 우리는 완전한 인식에 가장 가까이 다가갈 수 있다.

② 갑: 죽음은 육체와 영혼이 분리되는 것임을 받아들여서는 안 된다.
→ 거짓. 너무 당연한 것 아닐까요???

③ 을: 이상적인 인간은 즐거움을 추구하는 삶을 지향하지 않는다.
→ 거짓. 에피쿠로스는 '즐거운 시간을 향유'하려고 한다며!!!! 1회 해설 보면서 공부했어야지!!!
〔14-9-15〕 삶의 목적은 절제된 생활을 통해 정신적 쾌락을 추구하는 것입니다.
〔18-6-8〕 현자는 긴 삶이 아니라 즐거운 시간을 향유하려고 노력한다.

④ 을: 죽음은 인생의 악을 중지시켜주므로 죽음을 열망해야 한다.
→ 에피쿠로스 입장에서 멍청한 놈들이 '죽음은 인생의 악을 중지시켜주므로 죽음을 열망'함. 현자는 그런 생각 안 함!

에피쿠로스는 그렇다 함.
→ 문장의 주어가 없어서 애매하다고 할 수도 있겠지만, 사상
　가 입장을 묻는 문항이고, 서술어가 '해야 한다'로 끝남. 그
　러면 별도 주어가 없다면 당연히 주어는 사상가가 됨.

> [에피쿠로스]
> 많은 사람들은 때로는 죽음을 가장 큰 악이라고 생각해서 두려
> 워하고, 다른 때에는 죽음이 인생의 악들을 중지시켜 준다고 생
> 각해서 죽음을 열망한다. 반면 현자는 삶을 도피하려고 하지도
> 않으며, 삶의 중단을 두려워 하지도 않는다.

⑤ 갑과 을: 자신의 죽음에 대한 두려움을 극복하는 것은 불가능하다.
→ 이걸 긍정하면 우리는 평생 두려움에 떨면서 살아야하는 건
　가????? 생윤에서는 그냥 당연히 아니라고 판단하면 되는 선
　지임. 이런 걸 고민하고 있다면 오르비 클래스의 바나나 제거
　특강을 듣길 바람. 이건 고민거리가 아님!! 고민하지 마!!!!
[유톱 댓글] 선생님 혹시 윤사는 안 가르치시나요? 바나나제거 특
강 듣고 머리 맞은 것 같아서요...! 현강도 있는지 궁금합니다.

4. 답 ③
☞ Zola 생윤러 중에 밀의 자유론 모르는 분들 많음. 몇 번
　출제가 되었는데 딱 1번 정답률이 60%대였음(메xxxx 기
　준). 이게 ebs 기준이면 50%대 정답률이 됨. 이런 것이
　통수임. 통수 방지용으로 만든 지식형 문제임. 출제 가능성
　이 높지는 않으니 틀렸다고 ㅂㄷㅂㄷ거리지 말고 지식화해
　둘 것. 기출은 대부분 독해와 추론+상식으로 풀림.

밀의 자유론에 대한 글임. 기출로 출제된 부분이어서 더 말하
지는 않겠음.

> [19-수능-4]
> 한 사람이 권력을 가지고 전 인류를 침묵시키는 것은 부당합니
> 다. 마찬가지로 전 인류가 한 사람을 침묵시키는 것 역시 부당합
> 니다. 침묵시키려는 의견이 오류라고 확신할 수 없고, 설령 오류
> 라고 해도 그것을 침묵시키는 것은 해악입니다. 인간의 지적 능
> 력은 한계가 있으므로 누구나 오류를 범할 수 있습니다. 진리로
> 공인된 견해도 오류 가능성으로부터 자유롭지 못합니다. 어떤
> 의견이든 그것을 반박하고 반증할 수 있는 완벽한 자유가 보장
> 돼야 합니다.

우선 ③부터.
③ 자기방어는 타인의 자유를 간섭할 수 있는 유일한 목적이다.
→ 밀의 자유를 제한할 수 있는 '유일한' 경우를 제시하였음.
　그리고 이게 기출로 출제가 되었음.

> [21-9-4]
> 최대 행복의 원리는 모든 윤리적 문제에 적용되어야 한다. **타인**
> **에게 해악을 끼쳐 타인의 행복을 빼앗는 행위를 막기 위해서라**
> **면**, 당사자의 의지에 반해 권력이 사용되는 것은 정당하다. **이**
> **유일한 경우를 제외하고는** 시민의 자유를 침해하는 그 어떤 정
> 치권력의 행사도 정당화될 수 없다.

→ 그런데 이것에 대한 설명 방식들이 다양함. 해악 금지의 원
　리라고도 하고, 자기방어라고도 함. 자기에게 해악이 되는
　경우라면 그것을 막기 위해(자기 방어, 자기에 대한 해악
　금지) 타인의 자유 제한 가능함.

> **자유의 원칙은 자유롭지 않을 자유까지 허용하지 않는다.** 이 원
> 칙에 따라 개인은 자신에게만 관계되는 일에 대해서는 무제한의
> 자유를 누릴 수 있다. 인류가 개인적으로나 집단적으로 누군가
> 의 자유에 간섭하려고 할 경우 **이러한 간섭의 유일한 정당한 목**
> **적은 자기방어뿐이다.** 즉 사회의 구성원 중 어느 누구에게 그의
> 의지에 반하여 정당하게 권력을 행사할 수 있는 유일한 목적은
> 다른 사람들에게 해를 입히는 것을 막기 위한 것이다.

→ 참고로 수완에 나옴(수완 55쪽)

① 자유 토론을 통해 소수와 다수의 의견 차이가 없어지게 된다.
→ 거짓. 다양성을 인정하자고!!!

② 토론의 과정에서는 인간의 오류 가능성을 인정해서는 안 된다.
→ 거짓. 이런 애들하고 토론이 될 것 같음? 이걸 왜 골랐음???

④ 인간은 경험을 통해서만 자신의 잘못된 점을 바로 잡을 수 있다.
→ 거짓. 그러면 토론을 왜함???????

⑤ 자유의 원칙은 자유롭지 않을 자유까지 허용하는 원칙이다.
→ 거짓. 이건 처음 보면 말장난 같음. 위에 인용된 제시문에
　있음. 자유는 '기본 전제'라는 느낌으로 받아들이면 됨. 이
　전제를 부정할 수는 없다는 것임.

밀의 자유론은 수특에도 있고 수완에도 있다. 꼭 확인해 둘 것.

5. 답 ④
☞ Zola 환경(자연) 윤리 연습용임. 평가원 난이도랑 비슷하
　든가 오히려 더 쉬울 수 있음.
(1) ㄱ이 지식의 핵심임.
(2) ㄷ은 바나나 선지임.
(3) ㄹ은 기출에서 활용된 낚시용 선지임.
(4) ㄴ은 출제 가능한 핵심 개념임.

갑은 인간 중심주의(칸트), 을은 생태 중심주의(레오폴드), 병
은 동물 중심주의(레건)임. 제시문 설명이 필요하면 곤란함.
기본 중의 기본 제시문임.

선지에 대한 각 사상가의 반응은 아래와 같음.

선지	갑-칸트	을-레오폴드	병-레건
ㄱ. A: 의무론적 관점에서 동물 학대 금지는 정당화될 수 있다.	응	???	응
ㄴ. B: 생태학적 통합성은 자연에 대한 규범적 원리를 제공해 준다.	아니	응	아니
ㄷ. C: 내재적 가치를 가지는 존재는 도덕적으로 존중받아야 한다.	응	응(아마도)	응
ㄹ. D: 도덕적 지위를 지닌 존재의 범위를 모든 생명체로 설정하는 것은 부적절하다.	응	응	응

선지에 대한 지식과 사고를 설명하면 아래와 같음.

ㄱ. A: 의무론적 관점에서 동물 학대 금지는 정당화될 수 있다.
→ 일단 동물 학대 금지가 정당화 가능한 것은 모두 동의함. 환경 윤리 공통점임. '학대'를 옹호하는 것은 윤리가 아님.
→ 의무론이 핵심인데, 칸트와 레건이 의무론임. 이건 교육 과정 내임. 레건 의무론은 기출로 출제가 되었음.
[18-6-15] 레건: 삶의 주체인 동물의 권리를 의무론의 관점에서 존중해야 한다. OOO
→ 레오폴드가 의무론자일까??? 이걸 판단 못해도 이게 오답인 것은 확정됨. 레건'도' 긍정할 내용이기 때문임.

ㄴ. B: 생태학적 통합성은 자연에 대한 규범적 원리를 제공해 준다.
→ 원래는 테일러 글에 나오는 전체론(전일론) 비판하는 파트임.
→ 생태학적 '통합성'에 근거하여 윤리 이론을 전개하는 것이 전체론임.
[예] 레오폴드: 어떤 것은 생명 공동체의 온전함(integrity), 안정성(stability), 아름다움(beauty)을 보전하는 경향에 따라 옳다.
→ 그러면 전일론자인 생태 중심주의만 찬성할 내용임.

ㄷ. C: 내재적 가치를 가지는 존재는 도덕적으로 존중받아야 한다.
→ 칸트: 인간-내재적 가치-도덕적 존중의 대상
→ 레건: 삶의 주체-내재적 가치-도덕적 존중의 대상
→ 레오폴드: 생명 공동체-내재적 가치-도덕적 존중의 대상
참고로 레오폴드의 내재적 가치에 대해서는 논란이 있음. 그래서 레오폴드가 O이든 X이든 상관없이 칸트'도' O가 되어야 하므로 오답이 됨. 다 계산하고 만든 선지임.
하나 더. 평가원은 전일론은 생태계 자체의 가치(지위)를 인정한다고 출제하고 있음. 그 자체의 가치, 독립적 가치, 본래적 가치, 내재적 가치는 정확히 따지면 복잡해지지만 수능 안에서는 구분하지 않아도 됨. 그런건 출제자가 알아서 출제함.

ㄹ. D: 도덕적 지위를 지닌 존재의 범위를 모든 생명체로 설정하는 것은 부적절하다.
→ 이 선지는 독해를 잘 해야 함.
→ [도덕적 지위를 지닌 존재의 범위를 모든 생명체로 설정하는 것]이 생명 중심주의임. 그러면 이 선지는 생명 중심주의는 부적절하다는 것임. 따라서 인간, 동물, 생태에 해당하는 세 사상가가 모두 긍정할 멘트임.
→ 칸트: 도덕적 지위를 지닌 존재의 범위는 모든 생명체가 아니라 그보다 좁은 인간만임.
→ 레건: 도덕적 지위를 지닌 존재의 범위는 모든 생명체가 아니라 그보다 좁은 인간+일부 동물임.
→ 레오폴드: 도덕적 지위를 지닌 존재의 범위는 모든 생명체가 아니라 그보다 넓은 모든 존재 즉 무생물도 포함함.
기출에서 많이 낚인 선지이므로 님들이 가지고 있는 기출 문제집 찾아서 직접 확인해 보고 다시 풀어볼 것!!!
[21-수능-15] 도덕적 지위를 지닌 존재의 범위를 모든 생명체로 적절하는 것은 부적절하다. 싱어(동물)O, 칸트(인간)O, 레오폴드(생태)O

6. 답 ②
☞ Zola 25 수능의 연장선상임.
(1) 선지 ② 틀렸으면 기출 공부 더 하시길 바람.
(2) 선지 ①, ③, ⑤를 못 제꼈으면 개념 공부 다시 하길 바람!
만약 시간 없으면 해설 잘 보시길 바람!

갑-홉스, 을-루소.

제시문	설명
갑: **인간은 천성적으로 자유를 사랑하고 타인을 지배하기를 좋아한다.** 국가는 다수 사람들이 자기 보존을 위해 상호 신의 계약을 체결하여 세운 하나의 인격이다.	→ 표시된 부분이 인간의 본성이 악함을 보여주는 문구이다. 자유를 사랑하는 것이 왜 악인가요? 여기서 자유는 자기 보존을 위해서는 무엇이든 하려는 자유임. 그리고 바로 뒤에 → 타인을 지배하기 좋아한다며! 님들이 느끼는 그 느낌대로 판단하면 될 것 같다. 정리하면 남들 얘기 드럽게 안 듣고 지 하고 싶은 대로 하면서 남 갈구는 것은 좋아하는 새끼임. 그러면 '성악설' 같지 않니????
을: 사회 계약의 핵심은 **구성원 각자가 전체 공동체에 모든 권리와 함께 자신을 전적으로 양도하는 것**이다. 각자가 자신을 전적으로 양도하게 되면 조건은 누구에게나 평등해진다.	→ '모든' 것을 '전적으로' 양도하는 것은 루소임. [루소, "사회계약론"] 사회계약의 내용은 다음과 같은 단 하나의 조항에 귀착된다. 그것은 구성원 각자가 자기의 모든 권리와 함께 자기 자신을 전체 공동체에 전적으로 양도한다는 것이다. 왜냐하면 각자가 자신을 전적으로 양도하게 되면 조건은 누구에게나 평등해지고, 조건이 모든 사람들에게 평등하게 되면 누구도 타인의 조건을 자기보다 무겁게 만드는 데 관심을 가지지 않을 것이기 때문이다. 게다가 이 양도는 전적인 것이므로 결합도 더할 수 없이 완전한 것이 되고 구성원은 누구나 더 이상 요구할 것이 없게 된다.

일단 선지 ①, ③, ⑤를 제낄 수 있어야 함.

① 갑: 소유권이 없는 곳에서 개인의 자유를 침해하는 것은 불
　　의이다.
→ 거짓. 소유권이 없는 곳이 자연 상태임. 여기가 1차 포인트임.
→ 그러면 자연 상태에서는 불의/불법이 없음. 여기가 2차 포
　　인트임.

〔홉스〕
정의와 소유권은 코먼웰스의 설립과 함께 시작된다. … '자기의
것이 없는 곳' 즉 **소유권이 없는 곳에서는 불의가 없으며**, 강제
적 권력이 세워져 있지 않은 곳, 즉 코먼웰스가 없는 곳에서는
소유도 없다. 왜냐하면 모든 사람이 만물에 대하여 권리를 갖고
있기 때문이다. 그러므로 코먼웰스가 없는 곳에서는 어떠한 일
도 불의가 아니다.

→ 자연 상태를 대체할 수 있는 다른 표현들에 주목하길 바란
　　다. '자기의 것이 없는 곳', '소유권이 없는 곳', '강제적 권
　　력이 세워져 있지 않은 곳', '코먼웰스가 없는 곳'이 모두 자
　　연 상태를 말한다.

③ 을: 시민의 주권은 일반 의지에 의해서만 정부에 양도될 수
　　있다.
→ 루소: 일반의지, 주권 양도 안 됨. 양도 안 되니까 '이럴 경
　　우면 되지 않을까요?'라는 뇌피셜 굴리지마. 양도 안 된다
　　고!!!!!!!

〔루소〕
주권은 오직 일반 의지의 행사일 뿐이므로 결코 양도될 수 없고

⑤ 갑과 을: 주권자가 법률을 제정할 수 있는 입법자가 되어야
　　한다.
→ 거짓. 이 선지는 홉스O, 루소X임.
→ 일단 홉스든 루소든 주권자가 법률을 제정할 수 있는 권한
　　이 있음. 즉 주권자가 입법권을 가짐. 이것은 문제 없음.
→ 그리고 홉스는 주권자가 입법자가 됨. 그래서 홉스 OOO임.
그런데 루소가 문제임.
→ 루소는 '입법자'를 법률을 '제정'하는 사람이 아니라 법률을
　　'기초'하는 사람이라고 함. '제정'은 만든다는 것임. 그런데
　　기초는 만든다는 것이 아님. 기초는 기본을 닦는다는 것인
　　데 쓴다(write)라고 생각하면 쉬움.
그러면 이게 무슨 말이냐하면, 루소 시대에는 무식한 애들 많
았음. 문맹도 많았고. 그래서 법을 만들려고 해도 애들이 글을
몰라. 제대로 표현을 못해. 그래서 글을 정확하게 제대로 표현
할 줄 아는 애들이 필요했음. 그게 입법자임. 결국 입법자는
법을 만드는(제정하는) 자가 아니라 법을 글로 정확하게 표현
해주는 자 정도임. 회의에서 기록을 맡은 '서기'같은 역할이고,
요즘으로 치면 논술 잘 하는 애들임.

〔루소, "사회계약론"〕
법률은 정확하게 말한다면 사회적 결합의 계약 조항일 뿐이다.
그러므로 **법률에 복종하고 있는 국민이 법률의 제정자가 되어야
한다.** … 그러므로 **법률을 기초하는 사람**〔입법자, 하등의 권력
도 없는 권위자〕은 **결코 입법권을 갖지 못하며**, 가져서도 안 된
다. 국민 스스로가 그렇게 하고 싶더라도 이 양도 불가능한 권리
는 내어줄 수 없는 것이다.

→ 그래서 루소는 입법자가 법률을 제정할 수 없음. 즉 '법률
　　을 제정할 수 있는 입법자'가 루소에게는 성립하지 않음.
〔루소〕 주권자가 **법률을 제정할 수 있는 입법자**가 되어야 한다.
　　　　　　　　　└ XXXXX ┘

그러면!!!
→ 샘, 이건 너무 지엽이지 않나요? 역시 사설은 지엽이군요라
　　고 여러분이 개빡칠 수 있음.
벗뜨!!!! but!!!!!!!!!!!!!!!
〔24-6-9〕 루소/베카리아: 사회 전체를 대표하는 입법자에게만
형벌권이 있다. 루소X, 베카리아O
루소는 입법자가 사회 전체를 대표하지 못함. 그래서 그들에게
형벌권도 없음.
이게 당시 갑툭튀 선지였음. 그러면 지금은????
일단 기출에서 다루어진 내용이기에 만일을 대비해서 알아두길
바람.

자, 이제 남은 것을 봅시다.

② 갑: 주권자는 사회 계약의 체결이 아닌 이행을 강제할 수
　　있다.
→ 참. 25 수능 홉스 선지를 확인해 보자.
〔25-수능-10〕 ㄱ. 갑: 절대 군주는 모든 인간의 사회 계약 체
결과 이행을 강제한다.
→ 결론부터 보자면 체결X, 이행O. 이 선지의 경우 시험장에
　　서 절대 군주는 체결 안 되는데라고 판단했으면 됨. 여기까
　　지는 기본과 기출에 충실한 선지임.
→ 체결에 대해 보충 설명을 하면 절대 군주는 사회 계약 '체결'에는
　　관여할 수 없음. 계약을 체결한 후에 절대 군주가 결정되기 때
　　문. 논리적으로 절대 군주가 계약자가 될 수가 없음.
→ 그러면 이 선지는 시험장에서 더 고민하지 않고 X라고 해도
　　됨. 그런데 님들에게는 이 선지가 이미 출제된 기출이 되었
　　음. 그래서 체결뿐만 아니라 이행에 대해서도 알아야 함.
→ 결론부터 말하면 '이행'은 강제할 수 있음. 다음처럼 생각하
　　면 됨. 너와 내가 '나중에' 절대 군주한테 복종하자는 계약
　　을 했는데, 계약한 누군가가 '나중에' 절대 군주한테 복종을
　　안 해. 그러면 절대 군주가 개한테 너 전에 나한테 복종하
　　기로 했다면서! 그런데 왜 안하냐? 죽고 싶냐? 이렇게 들
　　이댈 수 있음.

〔홉스〕
그러므로 코먼웰스가 없는 곳에서는 어떠한 일도 불의가 아니다.
따라서 정의는 유효한 신약을 지키는 데 본질을 두지만, 계약의
유효성은 **그 계약의 이행을 충분히 강제할 수 있는 사회 권력의
수립과 함께 시작**되며, 그때에야 비로소 소유권도 발생한다.

마지막으로 남은 선지는 아직 평가원이 건드린 것이 아님. 다시 말해 여러분이 선지 ④에 대해 아는 것이 중요한 것이 아니라 나머지 선지를 아는 것이 중요하다는 것임. 공부는 지식에 우선 순위가 있음을 알고 그것에 충실하게 공부를 해야 효율적인 공부가 됨. 생윤에 대해 징징거리는 분들 중에 이 우선 순위를 모르고 그냥 막 외우는 분들 많음. 여튼 선지 ④를 제외한 나머지를 선지를 확실하게 정리하고 선지 ④는 사소한 지식 하나 챙겼다는 정도로만 생각하세용~~

④ 을: 국가가 커지면 커질수록 개인의 자유도 비례하여 커진다.
→ 거짓. 루소는 약간(?) 도가틱함. 큰 것 안 좋아함. 그런데 국토 면적이 너무 작아도 안 됨. 너무 따지지 말고 그렇게 알고 넘어가는 것이 가장 속편함. 세세하게 따지고 들어가려고 하면 기출이 누적되어야 하는데, 루소는 아직 이 정도로 누적되지 않았음.

〔루소〕
1. …(생략)… 국가가 커지면 커질수록 개인의 자유는 더욱 감소된다는 결론이 나온다.
2. 국토 면적이 너무 크면 제대로 통치될 수 없고, 너무 작으면 스스로를 유지할 수 없다. 모든 정체에도 지나쳐서는 안 되는 힘의 최대 한도가 있는 것과 같이 국가가 커지다 보면 오히려 그 힘이 약해지는 경우가 흔히 있다. 사회적 유대도 그 범위가 확대되면 확대될수록 더욱 약화되며, 일반적으로 소국은 대국보다 국토가 작은 만큼 더 강하다고 할 것이다.

7. 답 ②

☞ Zola 칼뱅에는 '논리'관계가 중요한 개념이 있음. 그걸 연습시키기 위해 만든 문제임. 참고로 이 논리 파악하는 선지를 만들어서 이런 저런 모의고사 실시 기관에 납품하면 어떤 곳에서는 출제 부적절 의견이 나오고, 어떤 곳은 출제 적절 의견이 나옴. 그 기준은 나도 모르겠음. Zola는 논리 관계 파악은 충분히 대가리로 추론이 가능하다고 생각하기에 출제함. 글고 대부분 평가원도 '추론'형을 자주는 아니지만 출제함. 이 모의고사는 평가원보다 추론형 비중이 높고 단순 독해형 비중이 낮다고 생각하면 됨.

제시문	설명
신은 곧 극기와 단정한 정신과 검소와 절제를 권장하시고 무절제와 자만과 허식과 허영을 극도로 싫어하시는 분이다. **신은 일찍이 자신의 영원불변한 진리를 통해 구제하고자 하는 자들을 결정했다.** 이 모든 것은 내밀하고 우리가 이해할 수 없는 신의 섭리에 의해 이루어지며 그럼에도 불구하고 그것은 정당하고 공평하다.	→ 밑줄 친 부분이 구원 예정설임. 그러면 사상가 결정됨. 더 설명은 필요없을 듯.

① 구원을 실현하기 위해서는 성실하게 직업을 수행해야 한다.
→ 논리 파악용임. 구원은 이미 결정되었음. 실현되고 안 되고는 인간의 뜻이 아님. 출제 의도에는 충분히 납득할 것임.

표현에서 부족함이 있다면(의미 전달이 제대로 이루어지지 않았다면) 그냥 넘어가도 됨.

② 직업 노동은 신의 구원을 받았다는 자기 확신의 수단이다.
→ 참. 직업을 통해 내가 구원을 받았구나라고 인간이 믿는 것임. 신이 어떻게 했는지는 우리는 모름. 그렇다고 믿는 것임. 그래서 아래 두 문구를 구분할 줄 알아야 함.
(1) 직업은 구원의 수단이다. XXX → 구원의 주체는 신임. 신에게는 수단따윈 필요없음.
(2) 직업은 구원의 확신의 수단이다. OOO → 확신의 주체는 인간임. 인간에게는 수단이 필요함.

③ 신은 구원받지 못할 사람들을 미리 결정해 놓지는 않았다.
→ 제시문에 일부러 이 부분을 뺏음. 구원할 자와 구원하지 않을 자를 신은 이미 결정해 두었음.

신은 일찍이 자신의 영원불변한 진리를 통해 구제하고자 하는 자들과 파멸에 이르고자 하는 자들을 결정했다.

④ 신의 뜻에 따라 직업 간의 귀천이 정해져 있음을 알아야 한다.
→ 신 앞에서는 모두가 평등함. 모든 직업은 신의 선물이자 신의 영광임.

⑤ 세속적인 직업 생활은 신의 영광을 드러내는 수단이 될 수 없다.
→ 거짓. 직업은 신의 선물이자, 은총이자, 구원의 증거이자, 신의 영광을 드러내는 수단임. 다 같은 말임.
→ 아래 글 읽어보면 좋음.

〔이전 교과서〕
칼뱅은 위의 편지글을 통해 일반 신도들에게 다음 두 가지를 권고했다. 첫째는 자신을 선택된 자로 여기고 모든 의심을 악마의 유혹으로서 거절하라는 것이다. 둘째는 자기 확신에 도달하기 위한 가장 탁월한 수단으로 '직업 노동'에 임하라는 것이다. 이러한 노동만이 종교적 회의를 씻어 버리고 구원에 대한 확신을 제공할 수 있다고 믿었다. 그리하여 세속적 직업은 신의 구제를 받았다는 '확신의 표지'이자 악마와의 싸움에서 신의 영광을 나타낼 '신앙의 싸움터'라는 매우 적극적인 의미를 가지게 되었다.
이에 따라 칼뱅 교도들은 근면하게 직업 노동에 종사했으며, 이를 위해 모든 사치와 낭비를 배격하고, 생활 전체를 합리적으로 조직하고자 했다.
뿐만 아니라 그 결과로 초래되는 재화의 축적이 적극적으로 긍정되었으며 결국 축적된 재화는 금욕적인 소비 억제로 자본을 형성하고 재생산되어 생산력의 확대와 자본주의의 발전을 가져왔다.

8. 답 ①

☞ Zola 시민 불복종 문제에서 롤스 단독형 문제 여러 번 나왔음. 그러면 당연히 싱어 단독형 문제도 나올 수 있지 않을까라는 합리적 의심으로 만든 문제임. 이 문제 틀리면 인용된 싱어 제시문 잘 봐두시길 바람. 틀렸다고 빡치지 말 것.

제시문의 '결과주의'를 가지고 공리주의-싱어로 연결 가능함.
하나 더. 제시문에 나오는 내용이 아래 기출 선지의 설명 부분
임. 본 실모에 언급된 제시문은 모두 잘 눈팅해 두길 바람. 그
냥 선별한 것이 아니라 의도를 가지고 선별한 것이라고 1회에
서 이미 얘기했음.

선지	제시문
〔25-6-14〕 싱어: 법에 대한 존중이 더 강한 민주 사회일수록 시민 불복종이 옹호될 가능성이 높다.	**민주주의 원칙에 복종하는 습관이 더 깊이 배이면 배일수록 불복종은 그만큼 더 쉽게 정당화될 수 있다**는 것이다. 예를 들어 어린 나무는 특별한 주의를 필요로 하지만, 잘 자란 표본은 보다 거칠게 다루어도 견뎌낼 수 있다. 그러므로 특정한 문제에 대한 불복종이 **영국이나 미국에서는 정당화될 수도** 있지만, 최근에 독재나 내전을 겪은 나라나 민주주의 정부체제의 수립을 추구하고 있는 나라에서는 정당화되지 못할 수도 있다.

① 민주주의 사회에서 다수결의 원리는 도덕적 가치를 지니고
있다.
→ 참. 님들아 민주주의 사회에서 다수결의 원리(원칙, 규칙)
   는 건드리지 말아줘. 다른 대안 없잖아(내 얘기가 아니라
   싱어 얘기임).

> 다수결의 원리는 실질적인 도덕적 가치를 지니고 있다. 현대의
> 북미, 유럽, 인도, 일본, 혹은 오스트레일리아와 같은 민주주의
> 국가에서보다 나치 시대의 독일과 같은 독재정권 하에서는 불복
> 종이 보다 쉽게 정당화된다. 민주주의 국가에서 우리는 다수를
> 강제하려고 하는 시도가 될 행위를 꺼려야 한다. 왜냐하면 그러
> 한 시도는 다수결의 규칙에 대한 반대가 되고, 다수결의 규칙 외
> 에 받아들일 만한 대안이 없기 때문이다.

② 시민 불복종은 결과의 좋음에 따라 정당화되어서는 안 된다.
→ 거짓. 제시문 첫 문장이 '결과주의적 접근법'임. 제시문 봐!
   제발!!

③ 시민 불복종은 민주주의 원리 안에서 법치를 부정하는 것이다.
→ 기출 선지임. 법치는 법의 통치를 줄인 말임. 법의 통치 부
   정하지 않음. 다음에 나오는 선지인 법의 힘에 저항하지 않
   음과 한 세트임.
〔22-9-17〕 싱어: 시민 불복종을 하는 시민은 보편적 법치 원
리를 존중한다. OOO

④ 시민 불복종은 다수를 강제하지 않으면서 법의 힘에 저항한다.
→ 조심해야 함. 싱어에 따르면 다수를 강제하는 시민 불복종도
   가능은 하다고 함. 그런데 그건 극단적인 경우이고, 보통의
   경우라면 다수 강제하지 않고, 법의 힘에 저항하지 않음.

> **법의 힘에 저항하지 않음**으로써, 비폭력적으로 행위함으로써, 그
> 들의 행위에 대한 법적인 처벌을 받아들임으로써, 시민불복종을
> 하는 사람들은 자신들의 **항의의 진지성과 법의 통치 및 민주주의
> 기본 원칙들에 대한 자신들의 존중**을 명백히 한다.

→ 참고로 극단적인 경우를 염두에 두고 출제할 경우에는 선지
   에 '단서'를 제공함. '절대로'와 같은 극단적(?)인 표현을 사
   용하니 걱정 안 해도 됨. 평가원은 선지에서 빠져나갈 구멍
   을 마련해 둠. 그게 '단서'임. 그러니 선지에 단서(조건)가
   제시되면 그 단서에 근거해서 판단하면 그만임.

⑤ 다수의 견해가 진정으로 반영된 법에 대해서는 불복종할 수
없다.
→ 기출 선지임.
〔23-수능-14〕 싱어: 다수의 견해를 진정으로 반영한 법에 대
한 시민 불복종은 불가능하다. XXX
→ 개념으로도 풀림. 공리성(결과주의)에 근거하니까 결과가
   좋아야 함. 법이 다수의 견해를 진정을 반영했다고 그 결
   과가 좋다는 보장을 못함. 쉽게 쉽게 접근하면 됨.

9. 답 ③
☞ Zola
(1) 작년 과학기술 독해 문제 정답률이 안 좋아서 독해형 한
   번 내 보았음.
(2) 보통 하이데거랑 야스퍼스 얘기가 많이 나오는데, 기출로
   충분히 연습이 될 것 같아서 다른 소재를 사용하였음.

제시문은 미래엔 교과서에 있는 것임.
출처: 미래엔 교과서, 구만옥 외, '과학 기술의 철학적 이해'.

독해에 실패했다면 그냥 넘어가도 됨.
참고로 본 제시문을 활용해서 전국 단위의 모의고사에 출제한
적이 있음. 선지는 다르게 수정했음. 내부 검토, 외부 검토 문
제 없었음. 설명 생략함.

10. 답 ⑤
☞ Zola 틀려도 되는데 ④, ⑤ 중에서 고민했으면 하는 바램
   임. 이유는 다음과 같음.
(1) 기출로 ㄹ을 골라야 함. ㄹ을 선지에서 2개 배치할까 3개
   배치할까 고민하다가 난이도를 낮추기 위해 2개를 배치했
   음. 나름 님들 배려한 선지 조합임.
그러면 남는 것은 ④와 ⑤임.
(2) 참고로 ㄱ은 바나나 선지임. 제낄 수 있기를 바람.
(3) ㄴ과 ㄷ 중 하나 정도는 알고 있어야 하지 않나????
확인해 봅시다.

제시문은 너무 기본적인 부분을 발췌한 것이라 설명은 생략하겠음.
갑-롤스, 을-노직.
해설 순서는 위에서 언급한 대로 ㄹ-ㄱ-ㄴ-ㄷ 순으로 하겠음.

ㄹ. C: 최소국가보다 포괄적인 국가에서 개인의 소유 권리가
   존재할 수 있는가?
→ 기출 선지임. 노직이 예스임.

[25-수능-16] 노직: 오직 최소국가에서만 개인의 소유 권리가 존재할 수 있다. XXX
→ 이 선지는 쉬움. 우리나라는 최소국가 아니지만 개인의 소유 권리 인정함. 롤스의 재산소유 민주주의에서도 개인의 소유 권리 인정함. 공산주의만 아니면 개인의 소유 권리는 인정함! 끝!!

ㄱ. A: 정의로운 국가에서 개인의 행위를 금지하는 조항이 있는가?
→ 노직이 예스가 됨. 그래서 오답이 됨.
→ 바나나 선지임. 정의로운 국가에서 도둑질 하지마! 사기 치지마! 이런 것이 있겠지!!!

> [노직]
> **최소 국가는 계약 이행을 강제하며,**
> ㄴ 24-9-15 출제됨.
> **자해 행위, 절도를 강제로 금지한다.**
> ㄴ 아직 출제 안 됨. 출제될 것 같지 않음? 나만 그렇게 생각하나??

→ 롤스는 굳이 설명 안 해도 되겠지?!

ㄴ. B: 원초적 입장의 개인들은 사회 조직의 기초에 대해 무지한가?
→ 롤스가 부정함. 원초적 입장에서 모르는 것(무지의 베일)과 아는 것을 구분해야 함.
→ 보충 설명을 하자면 무지의 베일은 합의 과정에서의 개인차를 없애기 위한 장치임. 그래서 각자 가지고 있는 특성을 모르는 것임. 그런데 합의하는 원칙으로 정의 사회를 만들어야 함. 그래서 '사회'에 대한 일반적인 지식은 가지고 있어야 함. 그래야 사회에 대한 원칙들을 고민할 수 있겠지.

> [롤스]
> (1) **무지의 베일에 의해 확률에 대한 모든 지식은 배제된다. 당사자들은 그들 사회의 가능적 성격이나 그 사회 속에서의 그들의 위치를 확인할 아무런 근거를 갖고 있지 않다. 따라서 그들은 확률 계산을 할 수 있는 아무런 근거도 가지고 있지 않다.**
> → 모르는 것에 대한 내용임. 필수 암기 제시문임!
>
> (2) (그러나) **그들이 인간 사회에 대한 일반적인 사실들은 알고 있다고 인정해야 한다. 그들은 정치 문제 및 경제 이론의 제 원칙들을 이해하며 사회조직의 기초와 인간 심리의 법칙들도 알고 있다. 또한 당사자들은 정의의 원칙들을 선택하는 데 영향을 줄 모든 일반적 사실들을 안다고 가정된다.**
> → 아는 것에 대한 내용임. 필수 암기 제시문임!!

ㄷ. B: 심각한 경제적 불평등은 평등한 자유 원칙을 저해할 수 있는가?
→ 롤스 입장에서 긍정하는 내용임. 수완에 있던 선지를 참고하여 변형하였음. 수특·수완 중에서 택1 하라면 Zola는 수완 추천함.
→ 어찌보면 상식적인 내용이기도 함. 경제적 불평등이 심각해져서 열악한 상황에 놓이게 되면 기본권 보장은 의미가 없게 됨. 해외 원조할 때 절대 빈곤 생각해 보면 됨.
→ 하나 더. 롤스에 따르면 내가 절대적으로 빈곤하지 않더라

도 빈부 격차가 너무 커져서 다른 사람이 나보다 무지 무지 잘 살면 이건 인간의 자존감에 문제가 생긴다고 봄. 롤스는 인간의 '자존감'을 상당히 중시한 사상가임을 알아두는 것도 좋은 배경지식이 될 것임.
→ 그래서 롤스는 "만민법"과 "정의론"에서 이렇게 말함.

> 1. [만민법] 자유적 국내 사회에서 불평등의 부자와 빈자간의 간격은 상호성의 기준이 허용하는 이상으로 확대될 수 없다.
> 2. [만민법] 한 국내 사회에서 부자와 빈자간의 가격을 좁혀야 할 두 번째 이유는 그러한 간격이 일부 시민들을 열등한 자들로 비난하고 대우하도록 유도하기 때문이다. 그것은 부정의롭다.
> 3. [정의론] 모든 사회적 가치들-자유, 기회, 소득, 재산 및 자존감의 기반-은 이들 가치의 전부 또는 일부의 불평등한 분배가 모든 사람에게 이익이 되지 않는 한 평등하게 분배되어야 한다.

11. 답 ④
☞ Zola 갑은 독해, 을은 지식형임. 너무 어렵게만 낼 수는 없어서 조금(?) 수월하게 출제함.

을은 자주 나오는 엘리아데임. 갑은 교과서에는 있음. 뒤르켐. 그런데 지식형 아니니까 걱정말고 독해로 풀고 넘어가면 됨. 단, 지나간 수완에 뒤르켐의 종교관 묻는 문제가 있기는 했음.

ㄱ. 갑: 종교는 사회적 필요에 의해 만들어진 인위적인 산물이다.
→ 참. 종교는 사회적인 어떤 기능 수행을 위해 만들어진 것임.

ㄴ. 을: 종교적 인간은 자연적인 면을 통해서 초자연을 파악한다.
→ 참. 엘리아데에 따르면 '성' 즉 초자연적인 것은 속을 통해서 드러남. 성스러운 돌이 그러한 것임. 돌을 통해서 성이 드러나는 것이 성스러운 돌임.

ㄷ. 을: 종교적 인간은 성과 속을 본질적으로 같은 것으로 본다.
→ 거짓. 1회에서 다룬 내용임. 성과 속은 본질적으로 다름. 다만 불가분(분리는 불가능함)임.

ㄹ. 갑과 을: 종교는 인간에게 정신적 위안을 제공해 줄 수 있다.
→ 을은 종교적 인간을 생각하면 됨. 갑은 제시문에서 문제를 해결하는 것이니까 정신적 위안 가능하지 않을까라는 추론을 해 보면 됨.
→ 분명 님들 중에 '정신적'은 아니지 않냐라는 의심을 하실 분들이 있을 것임. 그래서 이런 것에 힘빼기 싫어서 ㄱ, ㄴ이 명확한 답이어서 강제적으로 ㄹ이 답이 되게끔 선지 구성을 했음.

12. 답 ③
☞ Zola
(1) 교정 정의 연습용임. 무난한(?) 준킬러급 선지 구성일 것 같음.
(2) 보통 베카리아-루소-칸트 조합이 많이 나옴. 그래서 조합을 '새롭게' 해 보았음.

갑-베카리아, 을-벤담, 병-칸트임.
세 제시문 모두 기출에서 출제된 제시문 내용임. 별도 설명이
필요하면 님들 공부가 그만큼 부족하다는 것임.
참고로 벤담은 〔23-9-12〕, 〔20-6-19〕 등등에 나옴. 자주 나
오지는 않으나 그래도 나오기는 함.

〔벤담 기출 제시문(일부)〕
〔20-6-19〕 모든 형벌 자체는 해악이지만 공리의 원칙에 따르면
형벌이 주는 해악보다 더 큰 해악을 제거하여 사회의 행복을 증
진시킬 수 있는 경우에는 형벌이 허용될 수 있다.
〔23-9-12〕 형벌은 사회에 해악을 끼치는 모든 위법 행위를 막
는 것에 목적을 둔다. 형벌의 가치는 어떠한 경우에도 위법 행위
에서 얻는 이득의 가치를 능가하기에 충분해야 한다.

① A: 범죄자의 행위를 통제하는 것은 형벌의 목적임을 간과
   한다.
→ 예방론은 행위를 예방(통제, 억제, 억지)하는 것임. 그래서
   같은 예방론자끼리 이렇게 비판할 수가 없음.

〔베카리아〕
형벌의 목적은 오직 범죄자가 시민들에게 새로운 해악을 입힐 가
능성을 방지하고, 타인들이 유사한 행위를 할 가능성을 억제시키
는 것이다.

〔벤담〕
처벌의 직접적인 주목적은 행위를 통제하는 것이다. 이런 행위는
위법자의 행위이거나 그 밖의 타인들의 행위이다.

② B와 D: 쾌락과 고통이 인간 행동의 유일한 원인임을 간과
   한다.
→ 인간이 쾌고에 의해 지배되는 것은 공리론의 기본 전제임. 즉
   베카리아와 벤담 사이에서는 비판 불가능함. 그래서 오답임.
→ 참고로 공리론(벤담, 베카리아)이 칸트한테 할 수 있는 비
   판이기는 함.
즉 B는 부적절한데, D는 적절함.

③ C: 범인에게 고통을 주는 형벌은 그 자체가 옳음을 간과한다.
→ 일단 형벌은 범인에게 고통을 준다는 것은 건드리지 말 것.
   모두 동의함.
→ 포인트는 형벌 그 자체가 옳은가 아닌가임!!!

〔벤담〕
모든 처벌은 그 자체로서 악이다.

〔칸트〕
평화를 사랑하는 사람들을 괴롭히거나 고통을 주는 일을 좋아하
는 사람이 마침내 그러한 행위에 상응하는 고통을 당할 때, 그것
은 분명 나쁜 일이기는 하지만 사람은 누구나 그에 찬성하고, 비
록 거기서 유익한 것이 생겨나지 않더라도 그 자체로 옳은 것으
로 여긴다.

→ 그래서 칸트가 벤담 보고 형벌 그 자체는 옳은 것인데 왜
   자꾸 악이라고 헛소리하냐고 비판 가능함.

→ 아래 글 읽어보셈.

〔바루흐 브로디, "응용 윤리학"〕
공리주의자들이 처벌을 악으로 보는 견해를 갖기는 하나 처벌은
필요한 것이라고 생각한다. 그들이 처벌을 필요악이라고 말하는
것도 바로 그러한 의미에서이다. 그들은 처벌이 가져올 나쁜 결
과보다 처벌을 함으로써 생겨날 좋은 결과의 비중이 더 크다고
생각하는 까닭에 처벌이 필요하다고 본다. 여기에서 말하는 좋은
결과란 무엇인가? 공리주의자들의 대표적인 주장은 형사상의 정
의 제도가 갖는 예방의 효과가 바로 좋은 결과의 내용이라는 것
이다. …(중략)… 공리주의적 체계에 따르면 다른 대안들이 바람
직한 예방의 수준에 이르는 데 충분하지 못할 경우에만 사형 제
도가 이용되어야 한다는 결론이 나온다.

형사적 정의 제도에 대한 의무론적인 접근 방식의 배후에 깔린
기본적인 생각은 그 제도가 응보적 정의의 요구를 충족시키기 위
해 마련된 것이라는 점이다. 이러한 목적을 위해서 그 제도는 타
인의 권리를 침해함으로써 그들에게 해악을 가한 자들에게 그들
이 유발한 해악과 동일한 정도로 처벌을 해야 한다. …(중략)…
응보적 정의란 무엇을 의미하는가? 기본적으로 처벌을 받아 마
땅한 자들을 처벌하는 것은 뒤따르는 결과에 상관없이 본래적 선
이라는 것이다. …(중략)… 응보적 관점에서 볼 때 살인자가 피
해자에게 끼친 해악과 동일한 정도만큼 살인자를 처벌하기 위해
서 사형보다 덜 가혹한 형벌이 있다고 생각하기 어려운 것이다.
그 까닭은 오직 사형만이 응보적 정의의 요구를 충족시켜 주는
유일한 방도로 생각되기 때문이다.

④ E: 사회 계약에는 계약자의 동의가 포함되어 있음을 간과한다.
→ 이건 바나나 선지임. 무슨 말이냐면 사회 계약은 계약자가
   동의하는 것임. 당연한 말이지^^
→ 참고로 칸트와 베카리아 모두 사회 계약론임. 그런데 계약
   자가 누가 되느냐를 가지고 다툼이 일어남. 더 정확히 말
   하자면 '범죄자(범인의 인격)'의 동의가 계약에 포함되니 안
   되니를 가지고 칸트와 베카리아가 다투는 것임.

⑤ F: 형벌권은 범인에게 고통을 부과하는 권리임을 간과한다.
→ 칸트가 직접 형벌권은 고통 부과하는 권리라고 선언함. 그
   래서 칸트한테 얘기할 수 있는 것이 아님.

13. 답 ④
☞ Zola 유가의 죽음관과 효(가족 윤리)를 합친 문제임. 이
   정도면 거의 90% 정답률이 나올지 않을까 싶음.

제시문이 유가(공자)임. 일단 삶에 집중해라. 그리고 효를 행하는
것을 강조하고 있음. 이 정도면 유가인 것은 쉽게 확인 가능함.

ㄱ. 사후 세계가 있기 때문에 효와 불효를 구분할 수 있다.
→ 사후 세계 신경 쓰지 마라고 함. 그러니 사후 세계로 효와
   불효를 구분하는 것이 아님. 틀리신 분은 정신 차리세요!!

ㄴ. 삶과 죽음은 서로 다른 것으로 삶에 더 관심을 가져야 한다.
→ 기본형임. 참.

ㄷ. 삶 자체의 가치가 다른 어떤 도덕적 가치보다도 더 중요하다.
→ 참. 기출 선지 응용한 것임. 판단 틀리신 분은 '살신성인(殺
　身成仁)'이 무슨 말인지는 알고 있는지 자기 점검하길 바
　람! 살신성인 알아야 합니다!!!!
〔17-수능-6〕 도덕적인 가치를 위해서라면 자신의 생명을 희생
할 수도 있다. 유가〇〇〇
〔19-6-11〕 도덕적 가치가 삶과 죽음의 선택 기준이 될 수 있
다. 유가〇〇〇

ㄹ. 부모님이 돌아가시더라도 자신의 효는 계속되어야 한다.
→ 설명 필요없겠지? 유가는 돌아가신 부모님께 제사도 지냄.
　그거 왜 지낼 것 같음???

14. 답 ①

☞ Zola 갑은 지식, 을은 독해로 풀면 됨. 답이 되는 선지는
　진짜 기본임. 틀리면 안 됨.

일단 을은 톨스토이인데, 수완에 있는 제시문임. 독해로 풀면
됨. 개념적으로는 도덕주의적 내용임.
그리고
갑은 칸트임. 칸트 '미는 선의 상징이다'만 알고 있는 분들 저격하
기 위해 따온 제시문임. 24-수능-10-①과 관련되는 제시문임.
〔24-수능-10-①〕 미적 판단과 도덕 판단은 모두 이해 관심에
근거해야 한다. 칸트XXX

① 갑: 미적 판단은 주관적이지만 도덕 판단처럼 보편성이 요
　구된다.
→ 참. 기출로 해결되는 선지임.
〔24-수능-10〕 미적 판단은 주관적 판단이기에 보편화될 수 없
다. 칸트XXX
〔지나간 수특〕 아름답다는 판단은 주관적이지만 누구에게나 보
편타당할 것으로 요청된다. 이런 의미에서 아름다움은 도덕성
의 상징이라 할 수 있다.

② 갑: 예술은 이성적 존재인 인간에게 즐거움을 제공해주지
　않는다.
→ 거짓. 아래 제시문 참고.

〔칸트〕
순수하게 감성적인 동물은 감각적인 즐거움만을 느낄 수 있으며,
순수하게 이성적인 존재(천사나 신)의 의욕은 선에 해당한다. 인
간은 이성적 존재자가 느낄 수 있는 선을 추구할 수도 있고, 동물
이 느낄 수 있는 안락함을 추구할 수도 있다. 그러나 미적 즐거움
은 동물과 신적 존재 사이의 중간자인 인간에게 고유한 것이며,
감성적인 것으로부터 순수 이성적인 것으로 나아가는 계기를 마
련한다.

→ 살짝 위험하긴 할 수 있겠지만 미(예술)가 인간에게 어떤
　즐거움을 줄 수 있다는 것은 기본 전제로 받아들여도 문제
　없을 것 같음. 단, 제시문에서 즐거움 주지 않는다고 하면
　그렇게 풀어야 함.

③ 을: 감상자의 감정을 고양시키는 예술은 진짜 예술이라 할
　수 없다.
→ 쉬운 독해일 듯. 거짓.

④ 을: 예술에 대한 주관적 감상은 인류애 실현에 방해가 될
　뿐이다.
→ 쉬운 독해일 듯. 거짓.

⑤ 갑과 을: 예술적 가치와 도덕적 가치는 양립이 불가능하다.
→ 둘 다 양립 가능하다고 봄.

15. 답 ②

☞ Zola 칸트의 의무론 연습시키는 선지가 ②임. 지금 한 페
　이지에 칸트가 3번 나오는데 그냥 그러려니 하고 넘어가시
　길 바람. 눈 앞에 있는 문제에만 집중하세용~

갑의 경우 제시문 가지고도 칸트 추론이 가능하긴 함. 그런데
시험장에서 제시문 가지고 사상가 추론이 힘들면 그땐 선지보
고 대충 감을 잡아야 함.
을 제시문은 갈퉁의 군대 얘기를 Zola가 1회에서 했음. 1회에
서 했으니 이제 2회에서 더 활용하는 것임. 1회와 2회는 나름
순서가 있음. 이 실모는 1인이 만든 모의고사라서 이런 것을
나름 의도적·계획적으로 할 수 있어서 좋음. 여러 명이 참여
하면 이런 걸 못함.

제시문	추론(설명)
갑: 자연은 인간이 평화와 안정의 상태를 찾아내도록 한다.	→ 자연의 섭리(합목적성) 얘기하는 부분인데 모르면 눈팅만 할 것.
내적으로는 시민적 공동체의 조정에 의해.	→ 시민적 체제 말하는 것이 시민법·국내법임. 국내법적 관점에서 공화정체 얘기일 것 같다는 눈치를 챌 수 있음.
외적으로는 공동 협정과 입법을 통해 현실화되어 확립될 수 있을 것이다.	→ 국제법적 관점에서 국가 간 연맹(연방), 세계시민법적 관점에서 보편적 우호성 확립하는 것과 연결 가능함.
을: 폭력은 인간의 기본적인 욕구를 모독하는 것이다. 평화는 폭력의 반대이다.	→ 폭력·평화의 개념임. 지식화 해 둘 것.
평화적 관점에서 군대에 순수한 방어라는 임무를 부여하면 어느 누구도 자극하지 않는다.	→ 갈퉁도 군대 인정함. 아직은 몰라도 문제되지 않을 것 같음.

① 갑: 공화국들은 세계시민법에 따라 연방을 결정하여야 한다.
→ 이런 선지 조심해야 함. 국내법(시민법), 국제법, 세계시민
　법이 각각 어디에 적용되는지 판단할 줄 알아야 함. 그게
　지식의 힘임.
→ 공화국들이 연방(국제 연맹, 평화 연맹)을 결정하는 것은

'국제법'과 관련되는 부분임.

〔칸트〕
(1) 국제법은 자유로운 국가들 간의 연방제에 기초를 두어야 한다.
(2) 하나의 공화국을 형성할 수 있다면, 이 공화국이 다른 국가
   들에 대해 연방적 통일의 중심점을 제공하여 다른 국가들을
   그 통일에 동참하게 하고, **국제법의 이념에 맞게** 국가들의
   자유 상태를 보장하고, 이러한 방식의 더 많은 결합을 통해
   점점 더 널리 확산시켜 나갈 것이기 때문이다.
(3) 국제법은 공법으로서 … 이 법적 상태는 어떤 하나의 계약으
   로 실현되지 않으면 안 된다. … 앞에서 설명한 바와 같이 여
   러 상이한 국가들 간의 연합처럼 계속적이고 자유로운 연합
   계약에 의해서도 유지될 수 있어야 한다.

② 갑: 도덕을 근거로 하지 않으면 참다운 정치는 행해지지 않는다.
→ 참. 칸트 의무론 알면 바나나 선지이지 않나? 무엇보다 평
   화는 이성의 명령임. 당연 정언명령이 됨.
→ 평화와 정치는 다르지 않느냐라고 할 수 있겠지만, 세계 평
   화를 실현하기 위해 공화정 만드는 것이 국내'정치'이고, 평
   화 연맹 만드는 것이 국제'정치'임. 다시 말해 세계 평화는
   도덕의 영역이기도 하지만 정치의 영역이기도 함.

〔칸트〕
진정한 정치란 처음부터 도덕에 복종하지 않고서는 일보도 전진
할 수 없다.

③ 을: 인간 안보는 폭력의 예방보다 제거에 초점을 맞추어야
   한다.
→ 거짓. 이 선지는 조금 조심해야 할 필요가 있는 선지임. 원문
   과 선지 구성 과정을 보여 주겠음. 단, 이것을 이해하려면 인
   간 안보와 국가 안보가 무엇인지는 알고 있어야 함.

〔17-6-18〕
**폭력을 줄이는 것도 중요하지만, 폭력을 예방하는 것이 더 중요
하다. 전자는 소극적 평화를 목표로 하지만, 후자는 적극적 평화
를 지향하는 것이다.**

→ 선지 구성은 아래와 같은 과정을 거쳐서 나왔음.
(1) 적극적 평화-폭력 예방이 더 중요
(2) 적극적 평화-인간 안보
(3) (1)+(2) 인간 안보 - 폭력 예방이 더 중요
님들은 (1)과 (2)를 알고 있으면 됨. (1)은 제시문으로 확인 됨.

〔지학사〕
적극적 평화 개념은 국가 안보의 차원에서 인간 안보의 차원으로
확장하였다는 점에서 중요하다.

④ 을: 제도 개선은 적극적 평화 실현에 필수적인 요소가 아니다.
→ 거짓. 기출에서 칸트와 갈퉁의 공통점(제도 개선 필요)으로
   나왔음. 갈퉁은 개념적으로 구조적 폭력(평화)이 제도와
   법, 정책과 관련되는 내용임. 당연 제도 개선해야 함.
⑤ 갑과 을: 자국 방어를 위해 상비군을 최소한으로 유지해야 한다.
→ 명백히 칸트가 거짓임. 칸트는 상비군은 공격용(침략용) 군

대이며, 이것은 완전히 폐지해야 한다고 했음. 자국 방어를
위한 것은 칸트 입장에서는 상비군이 아님.

〔칸트〕 "영구평화론"(범우문고), "칸트와 헤겔의 철학"(아카넷)
상비군(常備軍)은 점차 완전히 폐지되어야 한다.
→ 상비군은 결국 전쟁을 위한 것으로, 사람으로 하여금 사람을
   죽이도록 훈련시킨다는 것은 사람을 도구로 간주하는 것으로,
   그것은 인격으로서 "인간임의 권리"에 합일하지 않는다. 또한
   군대를 위한 재화의 축적도 같은 결과를 낳는다.
→ 상비군은 항상 무장한 채로 출격 준비를 갖추고 있음으로서 다
   른 나라들을 끊임없이 전쟁으로 위협하고 있다. 상비군이 자극
   하게 되면, 서로 간에 무제한의 군비 확장 경쟁에 돌입하게 되
   며, 이로 인해 군사비가 증가되고, 마침내 평화를 유지하는 쪽
   이 단기적인 전쟁보다 오히려 더 큰 압박이 되며, 이 압박을 피
   하기 위해서 상비군 자체가 선제공격의 원인이 된다.
→ 그러나 국민이 자발적으로 일정 기간에 걸쳐 무기 사용을 연습
   하고, 자신과 조국을 외부로부터의 공격에 대하여 방어하는 것
   은 이것과는 전혀 별개의 문제이다.

→ 갈퉁은 '방어용 군대 ok' 정도로만 알고 넘어갈 것.

16. 답 ④
☞ Zola
(1) 동양 윤리 특히 도가 제시문 공부 안 하는 분들 저격용임.
   단, 평가원은 제시문에서 훨씬 친절하게 힌트를 주니까
   틀렸다고 너무 빡쳐 하지는 마시길 바람.
(2) 특이한 사상가 조합임. 을과 병이 모두 도가임. 참고로 도
   가 사상가끼리 조합된 경우가 윤사는 2번 출제된 적이 있
   음. 수특에도 사용되었음. 나올 가능성이 낮기는 하지만
   가능은 함.

제시문	설명
갑: 어느 날 자기를 극복하여 예로 돌아가면 천하가 인으로 돌아간다. 예가 아니면 보지 말고, 예가 아니면 듣지 말고, 예가 아니면 말하지 말고, 예가 아니면 움직이지 않는다.	'예'를 강조함. 유가(공자)임.
을: 발뒤꿈치를 들고 서 있는 사람은 오래 서 있지 못하고, 큰 걸음으로 걷는 사람은 오래 걷지 못한다. 자신의 관점으로 보는 사람은 진정한 인식에 도달하지 못한다.	→ 도가(노자)임. 발뒤꿈치를 들고 서 있기와 큰 걸음으로 걷는 것은 부자연스러움. 자연스럽지 못함을 비판하는 내용임. 도가임. → 기출 제시문임. 〔15-6-3〕 발돋움하는 자는 오래 서지 못하고, 스스로 나타내는 자는 뚜렷해지지 않고, 스스로 옳다고 하는 자는 드러나지 못한다.

제시문	설명
병: 사물은 모두 '저 것' 아닌 것이 없고, 동시에 모두 '이것' 아 닌 것이 없다. 그러기 에 이르기를 '저것'은 '이것'에서 나오고, '이 것'은 '저것' 때문에 생 긴다고 하였다.	→ 도가(장자)임. 연기법으로 착각하 는 분들 많음. 제시문의 논리 구조가 중요함. 제시문은 이것이나 저것이 나 다를 바가 없다는 것임. 이것, 저 것을 각각 A, B라고 하면 A⇔B임 → 기출 제시문임. [15-6-3] 사물은 저것 아닌 것이 없고 이것 아닌 것이 없다. 옳음은 그름에서 말미암고, 그름은 옳음에서 말미암는다. → 같은 논리 방식이 아래 제시문임. [23-6-2] 옳다는 것으로 인해 그른 것 이 있고, 그르다는 것으로 인해 옳은 것 이 있다.

참고 문제임. 제시문 잘 보길 바람.
[21-3교-18] (가)-도가, (나)-불가

> (가) 이것이 있으므로 저것이 있고, 이것이 생기므로 저것이 생겨 난다. 이것이 없으므로 저것이 없고, 이것이 사라지므로 저것 이 사라진다. 이렇게 무명(無明)을 조건으로 의도적 행위들이 생기므로 무명을 없애면 고통이 사라진다.
> (나) 저것은 이것에서 나오고, 이것 역시 저것에서 말미암게 된다. 옳음으로 말미암아 그릇됨이 있고, 그릇됨으로 말미암아 옳음이 있다. 그러므로 성인은 자연(自然)에 비추어 생각한다.

ㄱ. 갑: 도덕으로 백성을 다스려야 백성은 부끄러워함이 없게 된다.
→ 거짓. 지나간 수완 선지를 활용하였음. 나름 함정으로 쓰일 수 있을 것 같음.
→ 논리는 간단함. 도덕으로 가르쳐야 부끄러움과 수치스러움 을 알게 된다는 것임.

> [공자]
> 백성을 법령으로 인도하고 형벌로 다스리면, 백성들이 형벌을 면하 려고만 하고 부끄러워함이 없다. 백성을 덕으로 인도하고 예로 규제 하면 백성들이 부끄러워할 줄도 알고 자연히 선에 이를 것이다.

ㄴ. 을: 성인(聖人)은 이로움과 혜택을 만대에 베푸는 존재이다.
→ 참. [상선약수(上善若水), 이만물(利萬物), 부쟁, 겸허]를 모르면 드릴 말씀이 없음. 공부하시길 바람. 이만물은 만물 을 이롭게 한다는 것임.
[23-수능-2] 도가: 성인(聖人)의 은혜가 만세에 베풀어져도 사람에게 특별히 치우치지 않는다. OOO

ㄷ. 병: 연기의 법칙을 깨달아 자비를 베푸는 삶을 살아야 한다.
→ 거짓. 병을 불가로 착각하는 분들 낚는 선지용임.

ㄹ. 을과 병: 자기 중심적인 고정 관념과 편견에서 벗어나야 한다.
→ 참. 바나나 선지이지 않을까? 누구든지 참일 것 같음.

17. 답 ②

☞ Zola
(1) 롤스 해외원조 집중 연습용임.
(2) 선지 ㄱ과 ㄴ이 서로 상충하는 선지임. 두 선지가 상충할 수 있다는 것을 간파했으면 하는 바램으로 사용했음. 수 능에는 그런 것이 없다고? 있을텐데!!!!! Zola는 수능 20년째 가르치고 있음. 그리고 여러 번 봤음.

제시문 롤스임. 이 정도는 알아야 함. 제시문 마지막에 '질서정 연'함.
제시문 내용도 하나 하나 지식형 선지로 가능한 것들이니 알아 두세용~

ㄱ. 정치적인 요소는 원조의 대상을 결정짓는 핵심 요소이다.
→ 참. 제시문을 통해서도 어느 정도 추론이 가능함. '정치적 평등'이 질서정연해지는데 영향을 줌.
→ 바나나 성향이 강한 분들이 '핵심'이냐 아니냐 가지고 고민 함. 롤스가 제시문에서 정치를 다루는 이유가 왜일것 같 음? 설마 정치가 부수적, 보조적, 지엽적이어서?????
→ 롤스는 정치문화가 고통받는 사회와 질서정연한 사회의 차 이를 만드는 결정적인 요소라고 본다. 여기서 '문화'는 폭넓 은 의미이다.

> 나는 한 국민의 부의 원인들과 국가가 취하는 형식들은 그들의 정 치문화뿐만 아니라 모든 구성원의 근면함과 협력적인 재능들, 그 리고 그들의 정치적 및 사회적 제도들의 기본 구조를 지지하는 종 교적, 철학적, 도덕적 전통들에 있다고 믿는다. … **결정적인 요소 는 정치문화, 정치적 덕목, 그 국가의 시민사회, 구성원의 성실과 근면, 혁신능력 등등이다.**

ㄴ. 원조 주체와 대상은 정치적 덕목에서 차이가 나지 않는다.
→ 거짓. 앞에 선지가 해결되면 자연스럽게 해결되는 것임. 결 국 정치적 덕목에 의해서 질서정연(주체)해질 수도 있고, 고통받는 만민(대상)이 될 수도 있음.
→ 원주 주체는 질서정연한 만민, 원조 대상은 고통받는 만민 임. 기본 지식임.

ㄷ. 모든 종류의 질서정연한 만민들이 인권을 지지하는 것은 아니다.
→ 거짓. 모든 종류의 질서정연한 만민이라고 하니까 종류가 엄청 많을 것 같은데, 1회에서도 알려주었고, 제시문에도 나옴. 질서정연한 만민의 종류는 2개임. 자유적. 아니면 적 정 수준. 그런데 질서정연한 만민은 인권을 지지함 따라서 두 만민 모두 인권을 지지함.
→ 참고로 질서정연한 사회의 의미를 지식으로 알고 있으면 쉽 게 풀림. 질서정연한 사회는 인권이 보장되는 사회임. 그것 으로 끝나는 선지임.

> 모든 종류의 질서정연한 사회는 인권을 지지하며, 이러한 질서정 연한 사회는 최소한 적정한 협의 위계 체제 또는 그와 유사한 특 징을 가지고 있다고 말할 수 있을 것이다.

→ 이전 수완에서도 사용이 되었음.

ㄹ. 고통받는 사회에 대한 원조는 만민법에 근거해서 행해져야 한다.
→ 참. 해외 원조하면서 만민법을 배우는 이유 생각해 보면 이
   건 틀리지 않아야 함.
→ 님이 만약 롤스의 해외 원조는 배웠는데 만민법은 안 배웠
   다고 하면 그건 거짓말임. 질서정연한 만민, 고통받는 만민
   같은 얘기들을 하는 이론이 만민법임. 즉 님 머리 속에 있
   는 내용이 만민법임.

18. 답 ③

☞ Zola

(1) 제시문만 보고 누군지는 모를 수 있음. 단, 선지를 보고
    아리스토텔레스인지는 파악할 수 있을 것 같음.
(2) 님들의 바나나 성향 테스트용임. 그냥 가장 윤리스런 선지
    고르면 되는 문제임. 기출 중에서 이런 문제가 거의 1/3임.

제시문은 아리스토텔레스인데, 몰라도 되고 선지 보고 판단하면 됨.

우선 답이 되는 선지부터 봅시다.
③ 음식을 지나치게 많이 먹는 것은 방종이므로 절제해야 한다.
→ 참. 제시문 내용 보면 폭식하지 말고 절제가 필요하겠네라
   는 정도로 풀면 그만임. 더 이상 고민할 필요가 없는 내용
   임. 그만 처묵처묵하라는 것임.
→ 참고로 절제(중용)가 부족하면 무감각이 되고, 과도하면 방
   탕이 됨.

① 중용은 배고픔을 적절하게 채우는 행위에는 적용되지 않는다.
→ 거짓. 적절하게(중용) 드세요. 끝!

② 음식을 부족하게 먹는 것이 절제를 올바르게 발휘하는 것이다.
→ 거짓. 개념만 알면 됨. 중용은 부족함도 아니고 과도함이
   아닌 적절함임. 기본 개념임.

④ 자연적 욕구를 충족시키는 행위는 그 자체로 금지되어야 한다.
→ 거짓. 이러면 모두 죽게 됨. 살려줘ㅜㅜ

⑤ 음식을 먹는 것은 쾌락을 주지 못하므로 폭식을 하지 말아
   야 한다.
→ 거짓. 쾌락을 주니까 많이 먹게 됨.
→ 교과서(윤사, 생윤)에 언급된 아리스토텔레스 제시문 중 일
   부임. 읽어보시길 권함.

> 1. 절제와 용기, 그리고 다른 덕의 경우에도 사정은 마찬가지이
>   다. 무슨 일이든 회피하고 두려워하면서 어떤 자리도 지켜
>   내지 못하는 사람은 비겁한 사람이 되는 것이며, 이와는 반
>   대로 무슨 일이든 결코 두려워하지 않으면서 모든 일에 뛰어
>   드는 사람은 무모한 사람이 되는 것이다. 마찬가지로 모든
>   즐거움에 탐닉하면서 어떤 것도 삼가지 않는 사람은 무절제
>   한 사람이 되는 것이며, 이와는 반대로 즐거움이라면 전부
>   회피하는 사람은 촌뜨기들처럼 일종의 목석같은 사람이 되
>   는 것이다. 그러므로 절제와 용기는 지나침과 모자람에 의해
>   파괴되고 중용에 의해 보존된다.

> 2. 자연적 욕망의 경우에 잘못하는 사람은 거의 없고, 잘못을
>   한다 하더라도 한쪽 방향으로만, 즉 지나친 쪽으로만 잘못할
>   뿐이다. 사실 어떤 것이든 더 이상 먹고 마실 수 없을 때까
>   지 먹고 마시는 것은 양에 있어 자연에 따르는 것을 넘어서
>   는 것이다. 자연적 욕망이란 결핍된 것을 다시 채우는 것이
>   니까. 이런 이유로 사람들은 그들이 마땅한 것을 넘어 자신
>   들의 배를 채운다고 생각해서 그들을 폭식가라고 부르는 것
>   이다. 지나칠 정도로 노예적인 사람이 이런 사람이다.

19. 답 ⑤

☞ Zola

(1) 정답률 90% 넘어가는 주제나 문제들 빼고 킬러 연습용으
    로 추가한 문제임. 롤스 연습용임.
(2) 문제 형태는 1회에서 사용한 문제 유형임. 예전에 윤리
    기출로 활용된 유형이기도 하고, 이전 수완에서도 활용했
    던 유형이므로 무시하지 말 것.
(3) 아래가 문제 원형임. 눈팅해 볼 것.

〔문제 원형〕05-수능(윤리)-19

> 다음은 롤스(J. Rawls)의 '정의의 원리'이다. 이와 관련한
> 설명으로 옳지 않은 것은?
>
> > (가) 각 개인은 기본적 자유에 있어 평등한 권리를 가져야 한다.
> > (나) 사회적·경제적 불평등은 다음 두 조건을 만족시키도록
> >   조정되어야 한다. ㉠첫째, 가장 불리한 여건에 있는 사람,
> >   즉 최소 수혜자에게 최대의 이득이 되어야 하며, ㉡둘
> >   째, 그 같은 불평등은 기회 균등의 원칙 하에 모든 사람
> >   에게 개방된 직책이나 지위와 결부된 것이어야 한다.
>
> ① (가)는 평등한 자유의 원칙이다.
> ② (나)의 ㉠은 차등의 원칙이다.
> ③ 롤스에 따르면 합리적 당사자들은 원초적 입장에서 (가)와
>   (나)에 동의한다.
> ④ ㉠에 의하면 소외 계층을 우선적으로 배려하는 것은 정의의
>   원리에 부합한다.
> ⑤ ㉡에 의하면 사회 구성원들에게 결과에 있어서의 절대적 평
>   등을 보장해 주어야 한다.

> 답 ⑤
> 〔간단 해설〕(가)는 자유의 원칙, (나)는 차등의 원칙과 기회 균
> 등의 원칙이다. ⑤ 롤스가 말하는 평등은 기회 균등의 원칙에 기
> 초한 것이지, 결과의 평등 또는 절대적 평등이 아니다.

㉠~㉣은 아래와 같음.

제시문	설명
㉠정의의 원칙을 도출하기 위해 무지의 베일로 조건화된 순수한 가상적 상황	원초적 입장 (무지의 베일)
㉡각 개인은 기본적 자유에 있어 평등한 권리를 가져야 한다.	평등한 자유의 원칙-1원칙

제시문	설명	
㉢ 가장 불리한 여건에 있는 사람, 즉 최소 수혜자에게 최대의 이득이 되어야 한다.	최소 수혜자의 원칙-2원칙	불평등 규제 원칙
㉣ 기회 균등의 원칙 하에 모든 사람에게 개방된 직책이나 지위와 결부된 것이어야 한다.	기회 균등의 원칙-2원칙	

일단 ⑤를 틀리는 분들이 빡칠 것 같아서 먼저 설명함.
⑤ ㉣과 달리 ㉢은 허용할 수 있는 사회적 불평등을 규정하는 원칙이다.
→ 거짓. ㉢과 ㉣은 모두 '2원칙'임. 2원칙은 불평등 규제(허용) 원칙임. 롤스가 원칙을 3개로 하지 않고 2개라고 한 이유가 여기에 있음.
→ Zola가 수업 때 롤스 정의 원칙이 2개라고 강조하는 이유가 이거임. 나오면 다 틀릴 수 있음. 조심하자!

> 1. 원초적 입장에서 채택되리라고 생각되는 정의의 두 원칙은 다음과 같다. 첫째, 모든 사람은 다른 사람들의 유사한 자유와 양립할 수 있는 가장 광범위한 기본적 자유에 대하여 동등한 권리를 가져야 한다. 둘째, **사회적·경제적 불평등은 다음 두 조건을 만족시키도록 조정되어야 한다.** (a)그 불평등이 모든 사람에게, 특히 최소 수혜자에게 최대의 이익이 되리라는 것이 합당하게 기대되고 (b) 그 불평등이 모든 사람에게 개방된 직위와 직책에 결부되어야 한다.
>
> 2. **제 2원칙이 내세우는 것은 모든 사람은 그 기본 구조 내에서 허용될 수 있는 불평등**으로부터 이익을 얻어야 한다는 것이다. 이것은 … 불평등이 없을 때의 전망보다 불평등이 있을 때의 전망을 선택하는 것이 합당해야 함을 의미한다.

나머지 선지들을 살펴 보자.
① ㉠에서는 자신의 특정한 조건에 유리한 원칙들을 구상할 수 없다.
→ 참. 무지의 베일과 연결되는 내용임.

> 무지의 베일에 의해 확률에 대한 모든 지식은 배제된다. 당사자들은 그들 사회의 가능적 성격이나 그 사회 속에서의 그들의 위치를 확인할 아무런 근거를 갖고 있지 않다. 따라서 그들은 확률 계산을 할 수 있는 아무런 근거도 가지고 있지 않다. …
> 그래서 당사자들은 일상적인 의미에서 흥정할 근거를 갖지 않는다는 중요한 결과가 나타난다. 아무도 자신의 사회적 처지나 천부적 재능을 알지 못하며 따라서 아무도 자기에게 유리하게 원칙들을 제정할 입장에 있지 못하다.

② ㉠에서는 도덕적 응분에 따라 소득이 분배되는 것을 채택하지 않는다.
→ 참.
→ 정말 간단하게 풀자면 롤스가 제시한 분배 '기준' 중에 도덕적 응분이 있는지만 확인하면 된다. 그러면 님들 지식 중에 롤스가 도덕적 응분에 따라(기준으로) 분배해야 한다고 말

한 것이 '없다'는 것이 확인되면 그만임.
→ 기존 지식을 활용해서 사고할 수도 있다. 원초적 상황이란 무지의 베일 상태이다. 이 상태에서는 각자가 자신이 불리할 수도 있음을 가정하고 합의를 시도한다. 여기서 '불리한 처지'를 고려한다는 것이 중요하다. 그러면 내가 멍청할 수도 있고, 바보일 수도 있고, 바나나일 수도 있는데 님들 같으면 '도덕적 응분'에 따라 소득을 나누도록 합시다에 합의할까??? 합의한다고? 왜???? 정신차려!
→ 여기서 '도덕적 응분'에서 응분의 의미가 뭔지 잘 와 닿지 않을 수도 있을 것 같음. '자격'으로 번역되기도 함. 받을 자격이 있느냐라는 의미임.

> 상식은 소득이나 부 그리고 생활 일반에 있어서 좋은 것은 도덕적 응분에 따라 분배되어야 한다고 생각하는 경향이 있다. … 그런데 공정으로서의 정의는 이러한 입장을 거부한다. 이러한 원칙은 원초적 입장에서 채택되지 않을 것이다. 그 상황에 있어서는 필요한 기준을 규정할 방도가 없는 것으로 보인다. … **정의의 원칙들은 도덕적인 응분에 관해서 언급하지 않으며 분배의 몫도 응분에 상응하는 경향을 갖지 않는다.**

③ ㉡은 기본적인 권리를 분배할 때, 각자는 평등을 요구한다는 것이다.
→ 참. ㉡이 '평등한 자유의 원칙'이라는 것을 알면 쉽게 풀림. 자유(기본적 자유, 기본적 권리)는 평등하게 분배되어야 함(분배되기를 요구함, 분배하는데 합의함). 이렇게 풀림. 끝! 아래 원문 확인.

> 첫 번째 원칙은 기본적인 권리와 의무의 할당에 있어 평등을 요구하는 것이며, 반면에 두 번째 것은 사회적·경제적 불평등, 예를 들면 재산과 권력의 불평등을 허용하되 그것이 모든 사람, 그 중에서도 특히 사회의 최소 수혜자에게 그 불평등을 보상할만한 이득을 가져오는 경우에만 정당한 것임을 내세우는 것이다.

④ ㉢은 정의로운 사회에서 자연적 우연성의 영향력을 완화시킨다.
→ 참. 차등의 원칙은 간단히 말해 사회적·경제적 불평등을 완화하겠다는 것임.
→ 아래에 나온 기출 선지를 한 단계 더 깊게 들어간 것이 이 선지이다. 롤스는 우연성의 영향력을 완화하고자 하며, 그 의도가 정의의 원칙 안에 들어가 있다. 차등의 원칙은 타고난 재능의 분포를 공유 자산으로 간주하여, 자신의 재능을 모두에게 이익이 되는 한에서만 사용하기로 합의한다.
[17-9-8] ④ 갑, 병: 선천적 유불리의 영향을 줄여야 정의로운 분배가 가능하다. 롤스 OOO, 노직 XXX
[15-9-19] 롤스: 사회적 우연성에 따른 불평등을 완화해야 한다. OOO

20. 답 ⑤

☞ Zola 서양의 국가 이론 사상가들 연습용임. 거의 수능형에 가깝
  다고 봄. 아리스토텔레스는 기출로도 여러 번 나왔음. 사회 계
  약론 엄청 준비하는데 그렇다고 다른 사상가 무시하면 안 됨.

갑은 로크, 을은 아리스토텔레스이다. 제시문에서 사상가를 특
정하지 못했다면 지식 공부를 해야 함.

ㄱ. 갑: 사회 계약 당사자들은 자연적 자유를 포기하지 않는다.
→ 거짓. 개념에 끼워맞추자면 자연 상태에서의 자유 대신에
  사회 계약을 통해 시민적(사회적) 자유를 얻는다고 보면
  됨. 로크에 따르면 자연 상태의 불안함으로 인해 자신의 안
  전한 재산의 향유와 평화로운 삶을 위해서 계약을 통해 자
  연적 자유를 포기한다고 본다.
→ 좀 더 자세한 지식으로 하자면 로크가 사회 계약을 하면서
  양도(자기는 포기)하는 것이 4개 있음. 자유, 평등, 집행
  권, 처벌권임. 즉 자연 상태에서 가지고 있던 자유에 대한
  권리는 포기하고 시민(정치) 사회로 들어감. 4개 외우기 바
  람. '자평집처'임.

ㄴ. 갑: 입법권은 특정 목적을 위해서만 활동할 수 있는 권력이다.
→ 참.
→ 계약론의 기본 개념 + 로크 재산권 중시로 해결될 듯. 즉 입
  법권은 개인의 소유권 보장을 위해 위임된(신탁된) 권력임.

> 〔로크〕
> **입법권은 일정한 목적을 위해서만 활동할 수 있는 신탁된 권력
> 일 뿐이므로** ⋯ 입법부가 인민의 생명, 자유 및 자산에 대한 절
> 대적인 권력을 자신들의 수중에 장악하거나 아니면 그 밖의 다
> 른 자들의 수중에 넘겨줌으로써 사회의 기본적인 규칙을 침해하
> 게 되면 언제나 그들은 인민이 그것과는 상반된 목적으로 그들
> 의 수중에 맡긴 권력을 신탁(信託) 위반으로 상실하게 된다.

ㄷ. 을: 국가가 아닌 공동체들은 자족한 상태를 이룰 수 없다.
→ 참. 아리스토텔레스의 공동체의 발전(?) 방향인 〔가족 →
  촌락 → 국가〕를 알면 어느 정도 추론이 가능함. 물론 지식
  적으로도 접근 가능함.
(1) 뇌피셜: 가족이 있는데 왜 촌락이 필요하지? 촌락이 있는
  데 왜 국가가 필요하지? 그런데 국가 다음엔 왜 없지?
(2) 지식: 국가가 최고, 최선, 최상의 공동체이자 자급자족적
  공동체임.
→ 지식적으로는 아래 해설이 가장 좋을 듯함.

> 〔한상수, '아리스토텔레스의 국가론'〕
> 가족이라는 공동체는 구성원들의 자족적인 삶을 보장하는 데 한
> 계가 있다. 그리하여 삶의 자족성을 높이기 위해 여러 가족들이
> 결합하여 촌락을 형성하게 된다. 촌락은 가족에 비해 높은 수준
> 의 자족성을 제공하지만, 이성적 존재로서의 인간이 추구하는
> 도덕적·정치적 자족성을 충족시키는 데에는 한계가 있다. 이러
> 한 한계로 말미암아 여러 촌락들이 결합하여 다시 국가라는 최
> 고의, 가장 완전한 공동체를 형성하게 되는 것이다.

ㄹ. 갑과 을: 국가는 구성원의 권리 보호를 위해 형벌권을 가진다.
→ 참. 바나나 선지일 수 있을 듯. 적어도 '국가'가 인정된다면
  국가의 형벌권을 부정할 사상가는 없을 듯함.
→ 이전 수완에서 출제된 내용임.
〔이전 수완〕 국가는 구성원들 간의 갈등을 해결하기 위해 법을
  집행할 권한을 지닌다. 로크O, 아리스토텔레스O

3회 Zola Guide

1	2	3	4	5	6	7	8	9	10
③	④	⑤	③	⑤	②	④	①	①	④

11	12	13	14	15	16	17	18	19	20
①	③	①	④	③	②	⑤	③	④	③

1. 답 ③

☞ Zola '기술 윤리학은 가치 중립적이다'라는 지식은 맞다. 그런데 이 지식으로 '기술 윤리학만 가치 중립이다'라고 판단하는 분들을 저격하기 위한 문제임. 이건 사고 방식에 문제가 있는 것임. A는 B이다가 A만 B인지 아닌지는 모름. 그건 따져봐야 함.

지금쯤이면 (가)는 기술 윤리학, (나)는 메타 윤리학, (다)는 규범 윤리학이라는 것을 모르는 친구는 없을 것임.

그러면 바로 선지 설명 들어가겠음.
우선 ③을 보자.

③ (나)는 도덕적 언어의 의미를 가치 중립적으로 탐구하고자 한다.
→ 참. '가치 중립'이라는 용어는 쉽게 말하면 좋고 나쁨을 판단하지 않는다라고 보면 된다. 그러면 내용은 쉽다. 메타 윤리학은 언어의 의미가 이렇다/저렇다라는 것을 탐구한다. 당연히 가치 판단을 내리지 않는다.
→ 25 수완 6쪽 2번 눈팅해 보시길 바람.
→ 가치 중립은 기술 윤리학'만' 되지 않냐고 질문하는 분들이 있음. 기술 윤리학이 가치 중립인 것은 맞음. 그런데 기술 윤리학'만' 가치 중립이라는 것은 어디 지식임??? 님 필기? 교재? 만약 님이 필기나 교재에 기술 윤리학 부분에 가치 중립이라고 필기되어 있는데 그것을 바탕으로 기술 윤리학'만' 가치 중립이라고 판단하는 것은 비논리임. 교재나 필기는 '모든' 것이 적혀 있는 것이 아니라 '요약'된 것임. 많은 것이 생략되어 있음을 알아야 함. 이전 ebs 자료임.

메타 윤리학: 규범 윤리학에서 제시하는 판단의 준거에 대해 논리적, 의미론적으로 탐구하는 학문이다. 메타 윤리학은 도덕적 명제를 언어 분석적 방법에 의해 규명하고자 하는 것으로서 **도덕 언어와 도덕적 개념들의 논리적·의미론적 분석에 학문적 관심을 두고 있다. 따라서 메타 윤리학은 인간의 도덕적 생활과는 거리가 먼 가치중립적 작업**을 수행한다. 그러나 메타 윤리학은 도덕 생활의 원리에 관한 이해를 높이고 도덕적 판단 및 신념의 형성에 기여할 수 있다.

① (가)는 도덕적 신념을 정당화하는 객관적 법칙을 알아내고자 한다.
→ 거짓. 함정을 팠음. 신념을 조사하는 것은 기술 윤리학임. 그런데 이 선지가 기술 윤리학은 아님.
→ 이 선지가 묻는 것은 신념을 '정당화'하는 '법칙'을 연구하는 것이 무엇이니임. 신념을 정당화하는 법칙이라는 것은 곧 도덕 원리(법칙)라고 할 수 있음. 이것을 알아내는 것은 적어도 기술은 아님. 이건 규범이라고 해야 맞을 듯.

② (가)는 도덕적인 현상과 문제는 경험적인 연구가 불가능하다고 본다.
→ 논리적 판단을 요구하는 선지인데, 단순 논리임. 기술 윤리학은 도덕적 현상을 경험적으로 탐구하는 것임. 그런데 그게 불가능하다고 하면 기술 윤리학이 성립할 수 없음. 맞지?!

④ (다)는 도덕적 추론 과정에서 활용되는 규칙을 검토하고자 한다.
→ 메타 윤리학에 대한 설명임.

⑤ (다)는 인식 가능한 도덕 원리는 존재하지 않는다고 가정한다.
→ 거짓. ②와 같은 방식의 논리를 요구하는 선지임. 규범 윤리가 연구하고자 하는 것인 도덕 원리임. 그런데 그게 인식 가능하지 않으면 규범 윤리는 성립할 수 있을까?
→ 참고로 '인식 가능한 도덕 원리가 없다'는 입장은 윤리학적 회의론에 대한 입장임.

2. 답 ④

☞ Zola 기출 중에서 질문 많이 나오는 제시문을 확인시키기 위한 문제임. 갑이나 을 제시문 판단에 실패한 분들은 이번 기회에 기출 제시문 한 번 더 눈팅해 보시길 바람.

갑은 도가(장자), 을은 불가(석가모니)임. 동양 사상은 일단 사상이라는 큰 틀에서 확인하는 것이 우선임.

갑 제시문과 관련된 기출 제시문들 모아 두었으니 확인바람. 사상이 약한 분들은 평가원만으로는 부족하니 교육청도 수록되어 있는 문제집 추천함.

〔16-9-20〕 친애하는 자는 인자(仁者)가 아니다. 하늘을 시간으로 구분하는 자는 현자(賢者)가 아니다. 이(利)와 해(害)를 구별하는 자는 군자(君子)가 아니다. 명성을 좇아 참된 자기를 잃은 자는 선비〔士〕가 아니다.
〔23-9-2〕 참된 사람〔眞人〕은 모자란다고 억지 부리지 않고, 성공을 뽐내지 않으며, 일을 도모하지도 않는다. …(중략)… 이로움〔利〕과 해로움〔害〕을 구별하는 자는 군자(君子)가 아니다. 명예를 위해 참된 자기를 잃어버리는 자는 선비〔士〕가 아니다.
〔23-수능-2〕 성인(聖人)의 은혜가 만세에 베풀어져도 사람에게 특별히 치우치지 않는다. 친함이 있으면 어진 자가 아니며, 명성을 추구하여 참된 자기를 잃으면 선비가 아니다.

불가는 아래 제시문 확인.

> 〔22-9-2〕 이것이 있기 때문에 저것이 있고, 이것이 생기기 때문에 저것이 생긴다. 이것이 없기 때문에 저것이 없고, 이것이 사라지기 때문에 저것이 사라진다. 이를 연기(緣起)라 한다.
> 〔23-6-2〕 세 개의 갈대가 빈 땅에 서려고 할 때에 서로서로 의지하여야 설 수 있는 것과 같이, 식(識)도 정신과 물질을 인연(因緣)하여 생긴다.
> 〔24-9-11〕 두 단의 갈대 중 하나를 치우면 다른 하나도 넘어지듯, 이것이 없으면 저것이 없고 이것이 일어나면 저것도 일어난다. 이 법(法)은 내가 만든 것도 다른 사람이 만든 것도 아니다.

그러면 일단 답부터 확인해 봅시다.

④ 을: 몸〔身〕과 말〔口〕과 생각〔意〕을 통해 업(業)을 지을 수 있다.
→ 참. 수특이랑 수완에 업(業)에 대한 선지가 자꾸 보여서 혹시나 하는 마음에 불교 교리를 담고 있는 문장 가져왔음. 일단 업(業)이 뭔지 모르면 개념서 반드시 확인할 것. 보통 '의도적 행위'라고 번역되는데, 윤회의 원인임. 그래서 죽음관에서도 등장함.
→ 쉽게 접근하자면 우리가 하는 모든 것들이 업이 될 수 있다고 보면 됨. 이 정도만 알아두면 됨. 이렇게 보면 약간 바나나(상식적인) 선지 같음.
→ 정확히는 삼업이라고 해서 구업, 신업, 의업이 있음. 〔삼＝3＝말(구)과 몸(신)과 마음(의)〕임.

① 갑: 사사로운 욕심을 극복하고 예를 실천하면서 살아야 한다.
→ 유가의 극기복례를 말함.

② 갑: 타고난 본성대로 살아가면 인륜(人倫)을 완성할 수 있다.
→ 타고난 본성대로 살아가라는 것은 도가와 유가(맹자), 불가 모두의 공통점임.
→ 인륜(人倫)은 유가임. 불가는 모르겠으나 확실한 것은 도가는 아님.
〔25-수능-4〕② 도가(장자): 죽음 앞에 두려움 없이 초연해야 **인륜의 도(道)를 완성할 수 있다.** XXX, 오답률(메xxxx) 54%
→ 그런데 이 선지를 틀린 분들은 기출이 '덜' 되어 있던 분들이다. 아래 기출을 보자.
〔23-9-6〕② 유가: 죽음에 관심을 가지기보다는 **인륜적 삶에 충실해야 한다.** OOO
〔24-수능-6〕⑤ 유가와 도가 : **인륜의 규범**에서 벗어나야 이상적 인간이 될 수 있다. 유가XXX, 도가OOO

③ 을: 고통을 없애는 방법을 제시한 집성제를 실천해야 한다.
→ 거짓. '고통을 없애는 방법'은 '집성제'가 아니라 '도성제'임. 지엽이지 않냐고???

아래 교과서 내용 보고 판단하실 것.

> 〔천재〕 불교의 네 가지 성스러운 진리
> 불교에서는 괴로움이 생기는 원인과 이를 멸하는 길을 밝힌 사성제(四聖諦)를 제시한다. 이것은 석가모니가 큰 깨달음을 얻고 나서 사람들에게 가르친 진리이다.
> • 고성제(苦聖蹄): 현실은 괴로움으로 충만해 있다.
> • 집성제(集聖諦): 괴로움의 원인은 집착 때문이다.
> • 멸성제(滅聖諦): 집착을 없애면 괴로움이 없는 열반의 세계에 이르게 된다.
> • 도성제(道聖諦): 열반에 이르기 위해서는 팔정도를 실천해야 한다.

→ 교과서에 있다고 다 나오는 것은 아니지 않냐고????
　아래 기출 보고 판단하실 것.

> 〔14-수능-2〕
> 괴로움〔苦〕, 괴로움의 원인〔集〕, 괴로움의 사라짐〔滅〕, 그리고 괴로움의 사라짐으로 인도하는 방법〔道〕을 바른 통찰지로 보는 사람은 모든 괴로움에서 벗어날 것이다.

→ 너무 옛날이지 않냐고? 그때나 지금이나 불교는 교육과정에 그대로 있음.

⑤ 갑과 을: 꾸준한 수양을 통해 도덕적 선함을 되찾아야 한다.
→ 거짓. '도덕적 선'은 도가가 안 됨. 도가가 말하는 도나 덕은 '도덕적'인 것이 아니라 '자연적'인 것임.
→ 불가는 '불성' 정도만 알아두면 됨. 깊이 들어가면 불가도 곤란해짐.

3. 답 ⑤

☞ Zola 〔23-수능-4〕에서 아리스토텔레스의 덕 윤리 묻는 문제가 정답률 50%대까지 떨어짐(ebs 기준). 선지가 윤사처럼 나와서 그러했음. 오로지 그때의 통수를 반복하지 마라는 의미에서 만든 문제임. 틀린 분들은 자신의 개념 학습＋기출 정리를 반성해 보시길 바람. 기출 선지를 그대로 옮겼음.

아리스토텔레스인 것 알지? 덕에는 지성적 덕과 품성적 덕 2개가 있다는 것이 핵심임.
하나 더. 제시문 하나 하나 다 알아둘 것. 모두 선지로 출제 가능한 혹은 출제된 부분임.

⑤ 인간은 자신의 고유한 본성을 실현시키기 위해 노력해야 한다.
→ 참. 아래 기출 선지랑 비교해 보시길 바람.
〔23-수능-4〕ㄱ. 아동이 인간의 고유한 본성을 실현할 수 있도록 개발하세요. OOO
→ 틀린 분들 무슨 할 말 있으신가요?? 아직 기출 덜 되었다고? 개념은??
→ 제시문에 일부러 "고유한 기능'이라고 했음.
고유한 기능을 잘(탁월하게) 발휘하세용~~ OOO
고유한 본성을 잘(탁월하게) 발휘하세용~~ OOO

① 지성적인 덕은 이성과 감정에, 품성적인 덕은 행위에 적용된다.
→ 거짓. 이성은 지성적 덕임. 감정과 행위는 품성적 덕임.
→ 약간의 국어 어휘력 센스를 발동했으면 하는 바램에서 만든
　 선지임. 품성은 성품, 인품이라고 보면 됨. 그러면 '감정'이
　 나 '정서'는 품성쪽이지 않을까 싶음.
→ '적용된다'라는 표현이 조금 마음에 안 듦. 이성은 지성쪽이
　 고 감정과 행위는 품성쪽이다는 정도면 됨.

② 지성적인 덕과 품성적인 덕은 습관을 통해서만 형성된다.
→ 지식적으로는 지성적 덕은 교육을 통해 형성되고, 품성적
　 덕은 습관을 통해 형성됨.

③ 어떠한 상황에서도 두려움을 갖지 않는 품성적인 덕이 중용
　 이다.
→ 제발 이건 고르지 마라. 제발!! 출제된 내용임.
〔23-수능-4〕 ㄹ. 아동이 어떠한 상황에서도 두려움의 감정을
　 갖지 않는 용기 있는 사람이 되도록 개발하세요. XXX
→ 이건 개념으로 접근하는 것이 편함. 아리(아리스토텔레스의
　 준말)는 덕 윤리임. 덕 윤리는 구체적 상황이나 맥락을 따
　 짐. 즉, 이럴 때는 이렇게 하고, 저럴 때는 (다르게) 저렇
　 게 하라는 거임. 따라서 '항상', '모든'이라는 단어와는 사이
　 가 좋지 않음.

④ 품성적인 덕은 인간의 본성에 의해 저절로 생겨나는 덕이다.
→ 이건 아래 제시문 잘 공부해 둘 것. 아리의 핵심이 나오는
　 내용임.

덕이란 우리가 어떤 행위를 할 때 마땅히 지켜야 하는 규범이
다. 그런데 덕에는 지적인 덕과 도덕적인(품성적인) 덕 두 종류
가 있다. 지적은 덕은 대체로 교육에 의해 생기고 발전하며, 많
은 경험과 시간을 필요로 한다. 반면에 도덕적인 덕은 습관의
결과로 생긴다. 도덕적인 덕은 본성에 의해 저절로 생기지 않는
다. 그러나 도덕적인 덕은 본성과 반대로 생기는 것도 아니다.
오히려 우리가 본성적으로 그것을 받아들이고 습관을 통해 완전
하게 얻는 것이다. 즉, 도덕적인 덕은 실천해 보고 나서 비로소
배워 알게 된다. 그러니 정의로운 일들을 행함으로써 우리는 정
의로운 사람이 되며, 절제 있는 일들을 행함으로써 절제 있는
사람이 되는 것이다.

23-수능-4가 반복되면 안 됩니다. 공리주의 사상가, 칸트(의
무론), 아리스토텔레스(덕 윤리)는 공부를 윤사급으로 해 두시
길 바랍니다.

4. 답 ③
☞ Zola
(1) '을'을 도가로 푸시는 분들이 없길 바라면서 출제한 문제였
　 지만, 저의 바램은 무참히 무너졌음ㅜㅜ 에피쿠로스의 '죽
　 음은 아무 것도 아니다'는 좀 외워놓자. 에피쿠로스가 서
　 양의 노자로 불림. 포인트 잘 못 잡으면 도가(노자나 장
　 자)로 착각함.
(2) ㄱ을 조심해야 함. 해설 참고.

갑은 유가(공자). 을은 에피쿠로스임. 갑과 을 모두 기출 제시
문에 있음.
갑은 살신성인(殺身成仁)에 대한 내용임. 살신성인은 알고 있
지? 설명 안 한다!
을은 '죽음은 아무 것도 아니다'를 일부러 넣었음. 안 그러면
님들 중에 도가로 헷갈려하는 분들이 훨씬 더 많았을 것임. 나
름 님들 배려했음.

우선 정답부터 확인하자!
ㄴ. 을: 인간을 구성하는 요소는 소멸하지 않고 흩어질 뿐이다.
→ 참. 원자는 소멸하지 않고 흩어짐. 이미 기출임.
〔25-6-11〕 죽음은 영혼과 몸을 구성하는 원자들이 흩어지는
것입니다.

ㄹ. 갑과 을: 죽음 이후에 집착하기 보다는 삶에 충실해야 한다.
→ 참이긴 한데 보통 이 정도 내용이면 모두 오케이이지 않을
　 까????

자, 그러면 주의할 선지인 ㄱ을 봅시다.
ㄱ. 갑: 타인을 사랑할 뿐 미워하지 않는 사람이 어진 사람이다.
→ 거짓. 기본 지식으로 보자면 유가(공자)는 호오(좋음/싫음)
　 을 분별하는 것임. 즉 좋아할 놈은 좋아하고 손절한 놈은
　 손절하라는 것이 유가 마인드임.

〔논어(공자)〕
오직 어진 사람만이 사람을 좋아할 수 있고 싫어할 수 있다

→ 지난 수특에서도 언급된 내용임.

ㄷ. 을: 쾌락을 추구하는 삶을 사는 것은 바람직하지 못하다.
→ 을이 에피쿠로스인 것을 안다면 해결됨. 에피쿠로스는 현재
　 의 삶을 '즐기는' 것을 추천함. 기본 지식이나 기출로 해결
　 될 것 같음.

〔18-6-8〕
현자(賢者)는 죽음을 두려워하지 않는다. 삶이 해를 주는 것도
아니고, 죽음도 악으로 생각되지 않기 때문이다. 그는 긴 삶이
아니라 즐거운 시간을 향유하려고 노력한다.

→ 에피쿠로스에 대해 참고하면 도움되는 제시문들임.

1) 죽음은 … 우리에게는 아무 것도 아니다. 우리가 존재하는
동안에는 죽음은 우리에게 오지 않고, 죽음이 우리에게 왔을 때
는 우리는 이미 존재하지 않기 때문이다.
2) 많은 사람들은 때로는 죽음을 가장 큰 악이라고 생각해서 두
려워하고, 다른 때에는 죽음이 인생의 악들을 중지시켜 준다고
생각해서 죽음을 열망한다. 반면 현자는 삶을 도피하려고 하지
도 않으며, 삶의 중단을 두려워 하지도 않는다. 왜냐하면 삶이
그에게 해를 주는 것도 아니고, 삶의 부재가 어떤 악으로 생각
되지도 않기 때문이다. 현자는 긴 시간이 아니라 **가장 즐거운
시간을 향유하려고 노력한다.**
☞ Zola 에피쿠로스와 장자와 헷갈려하는 수험생들이 많다. 장
자와 구분할 수 있는 핵심이 '즐거운 시간 향유'이다. 밑줄 친
부분에 주목하길 바람!

3) 영혼의 본성을 산출하는 원자들이 전부 상실된다면(흩어진다면), 몸 전체 또는 일부가 계속 남아 있더라도 감각을 가지지 못할 것이다. 더구나 만약 몸 전체가 분해된다면, 영혼은 여기저기로 흩어져서 … 그러므로 영혼이 비물질적이라고 말하는 사람은 헛소리를 하는 것이다.
4) 위치를 바꾸는 입자(원자)들은 소멸될 수 없는 것이어야 하고, 변하는 본성을 지니지 않는 것이어야 하며, 자신의 고유한 질량과 형태를 지니고 있어야 한다. 따라서 원자들은 불멸할 수밖에 없다.

5. 답 ⑤

☞ Zola

(1) 교정 정의(범죄와 형벌)는 3자 비판형이 많이 나옴. 그래서 살짝 변형해 봤음.

(2) 을 사상가 판단이 어려울 수 있음. 기출 선지 외우라는 의미에서 일부러 사용해 봤음. 연습용이라고 보면 됨.

(3) 기출 수준에서 판단하자면 ㄱ, ㄷ, ㄹ이 해결됨. 그런 점에서 난이도가 높은 문제는 아님.

(4) ㄴ이 새로운 선지일 수는 있어도 크게 어렵지 않음. 그런데 몇 년 전 OOO샘 오개념과 관련된 내용이어서 Zola는 지금 몇 년째 현장에서 사용하고 있는 중임.

갑은 루소, 병이 칸트인 것은 설명이 필요없을 듯.
을(베카리아) 제시문 확인하자.

제시문	설명
을: 범죄에 대한 형벌은 오직 법률을 통해서만 가능하다.	이 문장은 죄형법정주의임. 이걸로는 누군지 모름.
이 권한은 사회 계약으로 결합된 사회 전체를 대표하는 입법자에게만 속한다.	이게 기출 선지임. 〔24-6-9〕 사회 전체를 대표하는 입법자에게만 형벌권이 있다. OOO

ㄱ, ㄷ, ㄹ 확인하고 ㄴ 확인하자!

ㄱ. A: 계약자의 생명은 국가로부터 무조건적으로 보장된다.
→ 거짓임. 일단 이 선지는 루소가 틀림. 그래서 다른 사상가 고민할 것이 없음.
→ 개념적으로 풀자면 사회 계약론은 계약 '조건'이 있지 않나라고 생각하면 제일 편함. 개념형 설명은 아래 기출 참고할 것. 단, 아래 것은 홉스와 로크 설명임. 근데 루소도 결론적으로 같음.
〔22-수능-15〕 국가에 대한 시민의 의무는 시민 자신의 생명권을 국가가 보호해 준다는 조건 아래에서 계속될 수 있다고 본다. 홉스OOO, 로크OOO
→ 루소는 아래 기출 확인.
〔22-수능-9〕 루소: 계약자의 생명은 국가로부터 조건부적으로 보장된다. OOO
→ 원전 내용 확인하자.

〔루소〕
타인의 희생으로 자기의 생명을 보존하려고 하는 사람은 타인을 위해 필요하다면 자신도 생명을 희생해야 한다. 그런데 시민은 법이 자기에게 받아들이라고 요구하는 위험에 대해 더 이상 왈가왈부할 수가 없으며 군주가 시민에게 "네가 죽는 것이 국가를 위해 필요하다."고 말할 때 그는 죽어야만 한다. **왜냐하면 그가 지금까지 안전하게 살 수 있었던 것은 오직 이 계약조건하에서만 가능하였고 또 그의 생명은 이제 자연이 베푼 은혜만이 아니라 국가로부터 조건부로 받은 선물이기 때문이다.**

ㄷ. C: 공동체의 이익을 위해 범죄자를 처벌하는 것은 정의롭다.
→ 참. 루소O, 베카리아O, 칸트X
→ 개념적 설명부터 먼저 하면 루소는 일반 의지 즉 공공의 복지(이익) 위해 형벌 OK. 베카리아는 공리적 입장 즉 공동체의 이익 위해 형벌 OK. 그런데 칸트는 형벌이 사회적 선(이익) 위한 수단이 되는 것 반대함. 그걸로 해결됨.
→ 루소와 칸트의 관계는 기출로 확인됨.
〔23-수능-19〕 모든 형벌은 공공의 이익을 위해서 집행되어야 한다. 루소O, 칸트X

ㄹ. D: 국가는 살인범의 생명권을 박탈할 권한을 가지고 있다.
→ 참. 루소O, 칸트O, 베카리아X
→ 형벌론은 사형에 대한 입장의 차이가 핵심임. 그러면 사형에 대해 물을 때는 일단 주어진 문장이 사형을 찬성하는지, 반대하는지부터 파악하는 것이 우선임. 주어진 문장은 사형을 찬성하는 문장임. 그러면 사형 찬성론인 루소와 칸트가 동의할 가능성이 높고 사형 반대론인 베카리아가 동의하지 않을 가능성이 높음.
→ 베카리아는 아래 글 참고.

사형은 그 어떠한 권리에도 의거하지 않는다. 사형은 국민에 대한 국가의 전쟁이요, 법을 빙자한 살인이다.

→ 여기서 무지성 그냥 막 암기하는 어떤 분들이 베카리아도 사형 예외적 허용한다라고 들이댐. 님들의 들이댐은 맞음! 그런데 하나 더. 그게 '권리'개념임????? 거듭 얘기하지만 하나를 '더' 알려면 그게 필요한지 안 한지부터 따져야 하고 (근데 이건 님들이 따지긴 힘듦), 앞뒤 내용(맥락, 전제, 조건 등등)을 알아야 함. 그래서 생윤은 학습의 '선'을 강사나 저자가 잘 그어줘야 함. Zola는 여기까지만 하겠음. 더 파고들지는 마셈. 만약 '더' 필요하다면 오르비 공지나 학습 자료 통해서 올리겠음.

자, 이제 ㄴ을 판단합시다.
ㄴ. B: 인간의 자유를 영원히 박탈하는 형벌은 정당화될 수 없다.
→ 모두 거짓. 여기서 '인간의 자유를 영원히 박탈하는 형벌'이 무엇인지가 문제임. 그런데 일단 이게 '사형'을 의미할 것 같음. 그렇게 본다면 칸트X, 루소X이다.(단, 현대 형벌 이론에서 사형과 자유형은 구분되는 개념이다. but 너무 따지고 들지는 말자.)

그런데
→ 종신형이 문제임. 종신형도 평생 감옥에서 사는 것이니까
　영원한 자유 박탈이라 할 수 있음. 그래서 아래 베카리아
　글에 이런 내용이 있음.

〔베카리아〕
범죄로 인한 이득이 아무리 큰 것처럼 보이더라도, 그 대가로 자
신의 자유를 완전히, 그리고 영구적으로 상실할 것을 택할 자는
없다. 따라서 사형을 대체한 종신노역형만으로도 가장 완강한
자의 마음을 억제시키기에 충분한 정도의 엄격성을 지니고 있
다. 나아가 종신노역형은 사형 이상의 확실한 효과를 가져온다
고 말하고 싶다.

→ '자유를 완전히, 영구적으로 상실할 것을 택할자는 없다'가
　'종신형'을 의미하는 것으로도 보임. 종신형을 택할 애도 없
　다는 거지. 그래서 종신형 가지고도 충분히 억제 효과가 생
　긴다는 것이고. 그러면 베카리아가 '자유 영구적 상실에 동
　의 가능함'이라고 결론 내리는 것이 타당함.
→ 그리고 하나 더 하자면 지금 살인범에 대한 형벌이 아님.
　누구를 형벌시킬지 명시 안 되어 있음. 그래서 판단의 여지
　가 넓음. 당연 특정 사상가만 동의한다고 하기가 곤란함.
　이래 저래 논란이 된 것까지 고려해서 오답으로 만든 것임.

6. 답 ②
☞ Zola
(1) 문항 배치: 일부러 5번에 이어서 배치함. 5-6-7-8로 이
　어지는 부분이 쉽지 않음. 사실 님들 멘탈 깰려고 일부러
　그렇게 배치했음. 그런데 25 수능이 그랬음. 1쪽부터 어
　려워서 님들 선배들 멘탈 깨짐. 가끔 평가원이 심술 부릴
　때가 있음. 그런 것까지 고려한 문항 배치임. 다 알고 의
　도적으로 배치함. 님들은 평가원의 심술에 휘둘리지 않아
　야 함!!!!!
(2) 사상가 배치: 아래 제시문 해설 참고

갑-싱어(동물 중심주의), 을-레건(동물 중심주의),
병-칸트(인간 중심주의)
그런데 이 사상가 배치에는 다음과 같은 의도가 있음.

사상가	개념 수준 1	개념 수준 2
싱어	동물 중심	공리론
레건	동물 중심	의무론
칸트	인간 중심	의무론

이 의도를 가지고 만든 선지가 ㄱ임. 해설 잘 봐 두셈^^

참고로 순서도는 아래와 같이 보면 된다.

순서도	갑(싱어)	을(레건)	병(칸트)
A	응	아니	아니
B	(상관없음)	응	아니
C	(상관없음)	응	(상관없음)
D	(상관없음)	(상관없음)	응

그래서 보면 알겠지만 순서도는 뒤에서부터 풀면 편함. 그래서
시험장에서는 순서대로 풀어보고, 역순으로 검토하든지 아니면
역순으로 풀고, 순서대로 검토하든지 하셈.

그러면 여기서는 뒤에서부터 판단해 보겠다.
ㄹ. D: 이성이 없는 존재는 물권의 대상에서 제외되어야 하는가?
→ 거짓. 칸트XXX
→ 이 선지는 그냥 님들의 '국어' 선지 독해 연습을 위한 것일
　뿐이다. 엄청 내용이 있는 것은 아니다.
→ 물권은 물건(사물)에 대한 권리이다. 따라서 물권의 대상은
　물건이다. 이성 없는 존재로 사물 취급됨.

〔칸트〕
만일 어떤 존재가 이성을 갖고 있지 않다면 그것은 수단으로서
의 상대적 가치밖에 지니지 않기 때문에 사물이라고 불린다.

→ 보시다시피 '수단적 가치', '상대적 가치'를 가지느냐를 묻는
　선지랑 같은 의미이다.
→ 그러면 쉽게 표현하면 될텐데 왜 이렇게 어렵게 표현했냐
　고? 앞서 말했지만 독해 연습용인데, 비슷한 부분이 출제
　된 적이 있다. 주제는 교정 정의에서이다. 아래 기출과 원
　전 읽어 둘 것.

〔17-9-14〕
형벌은 단지 범죄자가 범죄를 저질렀기 때문에 부과되어야 한
다. 인간의 생득적 인격성은 그가 시민적 인격성을 상실할 선고
를 받아도 **물건으로 취급되지 않도록** 보호한다.

〔칸트〕
왜냐하면 인간은 결코 타인의 의도들을 위한 수단으로 취급될
수 없고, 물권의 대상들 중에 섞일 수 없는 것이기 때문이다. 그
의 생득적인 인격성은, 설령 그가 시민적 인격성을 상실할 선고
를 받을 수 있을지라도, **물권의 대상이 되는 것에 대하여 그를
방호해준다.**

ㄷ. C: 내재적 가치를 가지고 있지 않은 삶의 주체는 없는가?
→ 참. 레건OOO
→ 표현을 일부러 부정형을 사용해서 보기 불편하게 했다. 사
　설이라서 그렇냐고? 평가원도 이런 부정문 활용한다. 아래
　가 그 예이다.
〔23-9-10〕비도구적 가치를 지닌 비이성적 존재를 수단으로
사용하는 것은 어떠한 경우에도 정당화될 수 없다.
→ 이 문장은 삶의 주체이면 내재적 가치를 가지고 있냐는 것
　이고 레건은 그렇다라고 한다.

〔23-9-10〕레건
삶의 주체라는 기준을 충족하는 동물들은 내재적 가치를 가진다.
내재적 가치는 무조건적인 개념으로, 그것을 갖거나 갖지 않는
것이지 중간은 없다.

ㄴ. B: 인간은 동물 종(種)에 대한 직접적 의무를 가지는가?
→ 거짓. 레건X, 칸트X. 기출임. 종은 집단(개체가 소속된 집
　단) 개념이다. 따라서 집단에 대한 직접적 의무는 전체론에
　만 해당한다.

〔참고 1〕 기출
〔22-6-10〕 ㄴ. 인간은 동물 종(種)에 대한 직접적 의무를 실천해야 한다.
〔ebs 해설〕 레건은 동물 종이 아니라 개별 동물이 직접적인 도덕적 의무의 대상이라고 보았다.

〔참고 2〕 레건, "동물권 옹호"
권리 견해는 본래적 가치와 권리를 개체들에게만 부여한다. 종은 개체가 아니기 때문에, 권리 견해는 생존을 포함한 어떤 것에 대해서도 종의 도덕적 지위를 인정하지 않는다. 더구나 개체들의 본래적 가치와 권리는 그 개체들이 속하는 종이 얼마나 풍부한지 혹은 얼마나 희귀한지에 따라 늘거나 줄지 않는다.

ㄱ. A: 동물 학대가 그른 근본 이유는 동물의 고통에 있는가?
→ 참. 싱어O, 레건X, 칸트X
→ 인간 중심과 동물 중심이 아니라 의무론과 공리론의 개념을 이용해야 한다. 공리론은 도덕 판단이 '고통'이다. 그런데 의무론은 '고통'은 도덕 판단과 무관하다.
→ (1) 공리주의의 도덕 판단 근거: 쾌고.

〔싱어〕
동물이 고통을 느낄 수 있다는 사실에 기초해 그들의 고통을 줄여 주어야 하며, 그들에게 가장 나은 삶을 살게 해 주는 것은 공리주의 원칙에도 부합한다.

(2) 의무론의 도덕 판단 근거: 쾌고는 아님!!!

〔천재〕
레건은 동물이 자기의 삶을 영위하는 삶의 주체이므로 그 자체로 본래적 가치를 지닌 목적적 존재라고 여겼다. 따라서 동물을 수단으로 취급하는 각종 행위, 즉 실험, 매매, 사냥, 식용, 애완 등이 비윤리적인 이유는 그것이 동물에게 단순히 고통을 주기 때문이라기보다 동물이 지닌 가치와 권리를 부정하기 때문이라고 보았다.

→ 결론. 의무론자인 칸트와 레건은 동물 실험이 그른 이유가 동물의 고통 때문이 아님. 하지만 공리주의자인 싱어는 동물 실험이 그른 이유가 동물의 고통 때문임.

7. 답 ④
☞ Zola 요나스에서 킬러 선지가 될 여지가 있는 부분들이 있다. 기출 특히 제시문 잘 확인해야 한다고 계속 말하는 중임!!

제시문 요나스인 것은 설명 불필요할 듯. 생략함.

ㄱ. 공포의 발견술은 선을 탐구하는데 있어서 마지막 수단이다.
→ 거짓. 선지 만드는 입장에서 보면 '시작'과 '끝' 이런 것은 함정 파기 쉬운 선지임.

공포의 발견술이 비록 선의 탐구에 있어서 마지막 수단은 아니지만, 그것은 상당히 유익한 첫 단어임에 틀림없다.

ㄴ. 두려움의 느낌을 기르는 것은 우리들의 윤리적 의무이다.
→ 참. 공포, 두려움 같이 연결시키면 쉬운 선지임. 원문 그 자체니까 알아두면 됨. 내 행동이 미래에 악영향을 줄 수 있다는 두려움·공포를 가지고 책임져라라고 외워두셈!

ㄷ. 다른 존재에 대한 연대 책임이 아닌 일방적 책임을 져야 한다.
→ 거짓. 연대 책임O, 일방적 책임O
→ 연대 책임을 상호 책임으로 오해할 여지가 있다. 알아두어야 할 것 같음.

1. 우리는 미래 세대와의 **역사적 연대성을 토대로** 미래 세대의 생존을 위한 책임을 다해야 한다. 왜냐하면, 미래 세대도 현세대가 누리는 것만큼이나 생명력 있는 자연에서 살아갈 권리가 있기 때문이다.

2. 책임 윤리는 함께 사는 다른 사람에 대한 책임도 자신에게 있다고 본다. 자신의 책임 범위는 단지 자신에게만 한정되지 않는다. 자신에게는 자신을 포함한 다른 사람, 다른 존재에 대한 **연대 책임이 있다.**

ㄹ. 책임 윤리에서 미래 세대는 명령자이고, 현세대는 의무자이다.
→ 참. 내용을 알면 쉬운데, 그냥 선지로만 보면 무지 헷갈릴 수 있음.
→ 일단 기출 제시문임.

〔21-수능-11〕
행해야 할 것과 관련된 책임 개념에 따르면, 현재의 행위로 인해 발생할 사태에 대해 책임져야 한다. 사태의 의존자인 미래 세대는 명령자가 되고, 권력자인 현세대는 의무자가 된다.

→ 정리하면 다음과 같음.

현세대 → 권력자, 의무자
미래 세대 → 의존자, 명령자

→ 이게 그냥 보면 현세대가 권력자인데 왜 명령자가 못되고 의무자가 됨? 이렇게 생각하기 쉬움.
→ 설명은 이러함. 현세대가 하는 일에 따라 미래 세대가 영향을 받음. 당연하지! 그래서 미래 세대가 '의존자'가 됨. 그리고 현세대는 바로 영향력을 행사하는 주체 즉 권력자가 됨. 그러면 미래 세대가 명령함. 현세대야 조심하라고!!! 조심해!! 그러면 현세대는 예! 알았습니다. 조심할게요!! 즉 현세대가 의무자임. 이렇게 됨. OK?!!!!!!!!!!!!!!

8. 답 ①
☞ Zola
(1) 신유형이라고 하면 안 됨. 그건 님들이 너무 기출을 몰라서 그럼. 14학년도 수능에 무려 2개 문제가 이런 유형이었음.
(2) 옛날에 나와서 이제는 안 나온다고? 기출에서 3단 논법 7년 동안 안 나오다가 나왔음. 17학년도에 나오고 중간에 안 나오고 24학년도 나옴. 17~24학년도 사이에 잡것들(?)이 3단 논법 안 나온다고 옛날 문제라고 했었음.

그러다가 24학년도에 나왔음. 그 잡것들 다 어디 갔는지 모르겠음. 사교육 시장에 떠도는 얘기 너무 믿지 말 것. 분명 최신 유행이 있긴 함. 그런데 그게 80~90%이고, 나머지 10~20%는 Old이든가 New가 차지함.

갑 제시문이 롤스인 것은 다들 알 것 같음. 갑 제시문 잘 봐둘 것. 을이 하버마스인데 칸트로 푸는 분들이 많음.
하버마스와 칸트 제시문 포인트 잘 확인해 보길 바람.

사상가		포인트
하버마스	어떤 준칙이 일반 법칙이 되기를 바란다면 다른 사람들에게 이 준칙의 타당성을 규정적으로 명령하거나 강제하지 말아야 한다. 대신 나의 준칙이 보편화 가능한지 논의하여 검토할 수 있도록 다른 사람에게 제시해야 한다.	남들이랑 같이 '논의 · 검토'하라는 거임. 이게 담론임.
칸트	너의 준칙이 보편적인 법칙이 될 것을, 스스로 질문하고, 그 준칙을 통하여 네가 동시에 의욕할 수 있는 오직 그런 준칙에 따라서만 행위하라.	니가 알아서 하라는 거임.

이 문제의 핵심은 갑과 을의 '공통점'이다. 차이점에 대해 묻는 문제가 다수이지만 공통점도 알아두는 것이 필요하다. 그리고 공통점은 별도로 외우지 말고(자주 나오는 기본적인 것은 외워도 됨) 각각을 제대로 알면 공통점은 어렵지 않다. 갑과 을을 각각 OX 한다고 생각하면 됨.
참고로 롤스를 별 생각없이 푼 분들도 많겠지만 롤스는 답을 고를 때 가상 상황을 묻는 것인지 현실 상황을 묻는 것인지를 구분해야 함.
(나)의 갑에서 '**모두에게 이익이 되는 분배 방식을 채택**'하는 상**황은 가상 상황임**. 정확하게는 이것까지 고려해서 판단해야 함.

① 합리적 사고를 바탕으로 자유롭고 평등한 상황에서 합의하라.
→ 참. 일단 서양의 기본적인 사고는 합리적 사고, 이성적 개인을 전제로 함. 이건 서양 사상의 큰 전제이므로 알아두면 좋음. 우선 하버마스부터 먼저 설명하면 이상적인 담화의 조건이 누구나(합리적 의사소통 능력이 있다면), 개방적으로, 자유롭게, 평등하게 자신의 의견을 말하고 서로 비판(평가)받으면서 합의점을 찾아가는 것임.
→ 롤스는 가상 상황에서 우연성을 모르는 상태에서 인간들은 어떤 강제나 강압없이 자유롭고 평등하게 합의함. 아래 제시문 참고.

〔롤스〕
우리는 원초적 계약을 어떤 사람이 특정 사회를 택하거나 특정 형태의 정부를 세우는 것으로 생각해서는 안 된다. 오히려 핵심이 되는 생각은 사회의 기본 구조에 대한 정의의 원칙들이 원초적 합의의 대상이라는 점에 있다. 그것은 자신의 이익 증진에 관심을 가진 자유롭고 합리적인 사람들이 평등한 최초의 입장에서 그들 조직체의 기본 조건을 규정하는 것으로 채택하게 될 원칙들이다.

→ 야매식으로 풀자면 공정하게 합의를 하려면 자유롭고 평등해야 할 것 같은데 정도로 풀어도 됨. 생각이 많으면 틀림!!!

② 가상적 절차를 통해 모두에게 이익이 되는 원칙에 합의하라.
→ 거짓. '가상적 절차' 때문에 틀렸음. 롤스와 하버마스의 공통점이 '절차'를 강조하고, 그 절차에서 '모두'의 '합의'를 통해 '보편적' 원칙이 도출됨. 그런데 롤스는 가상이지만 하버마스는 현실임. 참고로 롤스는 현실에서 '모두' 합의해야 한다고 하지는 않음.

③ 개인적인 입장이나 감정에 대한 표현을 금지한 채 합의하라.
→ 거짓. 롤스는 모르겠지만 적어도 하버마스가 부정함. 하버마스의 합의는 이상적 담화에서 이루어지는데 이상적 담화는 대화 참여자들이 자신의 입장, 감정, 바람 등을 진실하게 말할 수 있는 상황임.

④ 합의의 결과가 자신에게 미칠 영향을 고려하지 말고 합의하라.
→ 거짓. 바나나 저격용임. 롤스, 하버마스 모두 합의할 때 결과 고려함.
→ 님들이 인간이라면 합의할 때 내가 이 합의한 원칙을 지켜야 하는데 당연히 그 영향을 생각하지 않겠니????? 뭘 그리 고민하남?????

⑤ 자신의 사회적 위치를 모른다는 가상 상황을 전제하고 합의하라.
→ 거짓. 롤스에게만 해당함. '가상'은 롤스의 특징이므로 주의해 둘 것. 현실에서의 합의는 우연성을 모른다고 할 수 없음.

9. 답 ①
☞ Zola 마르크스는 직업관, 분배정의, 국가관이 한 세트임. 잘 알아둡시다.

제시문 설명은 생략해도 될 듯함.

① 생산과 분배의 기준이 다르면 이상적인 분배가 불가능하다.
→ 거짓. 사상가가 마르크스이면 이상적인 분배는 공산주의적 분배가 됨. 그러면 공산주의는 '능력에 따라' 생산하고, '필요에 따라' 분배함. 즉 생산 기준은 능력이고, 분배 기준은 필요임. 단순 지식 활용임.

② 노동에 참여하는 것은 생활 수단 이상의 의미를 지니고 있다.
→ 참. 마르크스에게 '인간은 노동을 통해 자아 실현하는 존재임'. 근데 이거 바나나 선지이지 않니? 노동하면서 돈만 벌면 된다고 하면 그게 윤리 맞니????
→ 이거 틀린 분들은 제시문 독해하는 태도를 가지길 바람. 제시문에 '수양'이라고 나옴. 다시 읽어보셈. 제시문 막 갖다 붙인 것은 아님. 적어도 평가원만큼 최대한 제시문과 연결될 수 있는 선지들을 만들었음. 그런 선지는 판단이 틀리면 안 됨!!!

③ 자본주의 사회에 존재하는 모든 계급은 소외를 경험하게 된다.
→ 참. 소외는 체제의 문제임. 자본주의 체제 자체가 문제가
  있는 것임. 더 고민하지 않아도 됨! 그냥 자본주의 사회에
  서는 다들 피곤하게 사는구나라고 생각하면 됨.

> 인간의 자기 소외는 유산계급(자본가 계급)과 프롤레타리아(노
> 동자)에게서 똑같이 나타난다.

→ '모든' 계급이라고 하니까 엄청 계급이 많은 것으로 착각하
  면 안 됨. 지식적으로 계급은 자본가 계급과 노동자 계급
  이렇게 2개가 있음.

④ 자본주의 국가 권력은 부르주아 계급의 위원회에 지나지 않
  는다.
→ 참. 표현이 어려운데 국가는 부르주아 계급의 앞잡이 역할
  정도를 한다고 보면 됨. 그래서 공산주의가 되면 국가도 없
  어진다고 봄.

> 근대적 국가 권력은 부르주아 계급 전체의 공통된 사업을 관장
> 하는 위원회에 지나지 않는다.
> → 마르크스는 자본주의 사회에서 국가는 자본가 계급의 재산과
>   이익을 보호하는 역할을 할 뿐이라고 보았다.
> → 마르크스는 자본주의가 붕괴되고 공산주의 사회가 실현되는
>   것이 역사적으로 필연적이라고 주장하였다. 그는 프롤레타리
>   아 혁명을 통해 사유 재산과 계급은 물론 국가도 사라진 공산
>   사회가 도래할 것이라고 보았다.

⑤ 공산주의 사회 구성원은 자신들이 원하는 분야에 종사 가능
  하다.
→ 참. 제시문에 나옴. 근데 이게 나는 의사할 준비도 안 되어
  있는데 의사해도 된다라는 의미는 아닐 듯. 그래서 '가능성'
  을 묻는 선지로 마무리 하였음. 너무 따지지 말 것.

10. 답 ④
☞ Zola 기출 제시문 확인!

제시문은 너무 기본적인 부분을 발췌한 것이라 설명은 생략하겠음.
갑-롤스, 을-노직.

① 갑: 정의감을 갖지 않는 합리적 존재들의 합의가 정의 원칙이다.
→ 롤스X. 바나나 선지가 될지 아닐지 살짝 애매한 선지이다.
  여튼 지식적으로 명백히 틀렸다.
→ 모 강사의 오개념 때문에 만든 선지이지만, 만들고 보니 괜
  찮음. ㅋㅋㅋ 오개념 생길만하다는 생각이 들었음^^

> 〔롤스〕
> 공정으로서의 정의에 있어서의 평등한 원초적 입장이라는 것은
> 전통적인 사회 계약론에 있어서의 자연 상태에 해당한다. 이 원
> 초적 입장을 역사상에 실재했던 상태로 생각해서는 안 되며, 더
> 구나 문화적 원시 상태로 생각해서도 안 된다. 이러한 상황이 갖
> 는 본질적 특성 중에는 아무도 자신의 사회적 지위나 계층상의
> 위치를 모르며, 누구도 자기가 어떠한 소질이나 능력, 지능, 체
> 력 등을 천부적으로 타고났는지를 모른다는 점이다. 심지어 당
> 사자들은 자신의 가치관이나 특수한 심리적 성향까지도 모른다
> 고 가정된다. **자신의 목적과 정의감을 가진다고 생각되는 합리
> 적 존재로서의 개인들에게 있어서 이런 최초의 상황이란 공정하
> 다고 볼 수 있다.**

② 갑: 자유가 아닌 소득의 평등 분배를 정당화하는 정의 원칙
  은 없다.
→ 롤스X. 기출과 연결되는 선지임.
〔23-수능-9〕 최소 수혜자에게 이익이 되지 않는 한 소득은 평
등하게 분배되어야 한다. 롤스○○○
→ 아래 제시문도 참고

> 〔롤스〕
> 1. 원초적 입장에서 채택되리라고 생각되는 정의의 두 원칙은
>   다음과 같다. 첫째, 모든 사람은 다른 사람들의 유사한 자유
>   와 양립할 수 있는 가장 광범위한 기본적 자유에 대하여 동등
>   한 권리를 가져야 한다. 둘째, 사회적·경제적 불평등은 다음
>   두 조건을 만족시키도록 조정되어야 한다.
> 2. 모든 사회적 가치들-자유, 기회, 소득, 재산 및 자존감의 기
>   반-은 이들 가치의 전부 또는 일부의 불평등한 분배가 모든
>   사람에게 이익이 되지 않는 한 평등하게 분배되어야 한다.

→ 정의 원칙에 맞으면 평등 분배도 허용. 정의 원칙에 맞으면
  차등 분배도 허용. 분배 대상에는 자유나 소득 모두 포함
  됨. OK!
→ 선지 해석이 아리까리 할 수는 있는데, 문장 의도는 '자유
  의 평등 분배가 아닌 소득의 평등 분배를....' 이렇게 해석
  되는 것을 의도한 것임. 문장이 불완전한 것은 Zola의 잘
  못이니 자책하지 마세용~

③ 을: 최소 국가보다 포괄적인 국가와 달리 무정부주의는 정의롭다.
→ 노직X. 노직은 최소 국가만 정의로움. 무정부주의면 소유
  권리가 보호되지 못해서 안 좋음.

④ 을: 정형적 분배 원리는 주는 사람의 권리를 무시하는 이론
  이다.
→ 노직O. 윤사에는 나왔고, 생윤에도 나오지 않을까?!

> 〔20-9-18〕 윤사
> 분배 정의에 관한 기존의 원리들은 받는 사람에게 관심을 주는
> 반면 주는 사람의 권리는 무시한다.

→ 정리하면 아래와 같음
* 정형의 원리(노직 아닌 애들) - 주는 사람 무시(받는 사람
  중심)
* 비정형의 원리(노직) - 주는 사람과 받는 사람 모두 인정

⑤ 갑과 을: 타고난 능력이 노동 생산성에 영향을 주어서는 안
된다.
→ 모두 거짓. 바나나 선지. 능력 있는 애가 일을 더 잘 하는
   것이 뭐가 문제일까요????
→ 선지에서 묻는 것은 능력이 노동의 생산성(효율성)에 영향
   을 주어도 되느냐라는 얘기이지 않음? 다르게 해석될 여지
   가 있나???

11. 답 ①
☞ Zola 시민 불복종 연습용임. 현장에서는 생각보다 많이 맞
   춘 문제임.

갑-롤스, 을-싱어. 딱히 더 설명할 부분은 없음. 을은 많이 본 제
시문일 것이고 갑은 지식으로 만들어 두셈. 제시문이 곧 선지임.

① 갑: 거의 정의로운 사회에서는 헌법을 해석하는 기준이 존
   재한다.
→ 참. 헌법 해석 기준이 공공적 정의관이고, 공공적 정의관은
   정의 원칙과 연결됨.

〔롤스〕
1. 어느 정도 정의로운 민주 체제에 있어서 시민들은 그들의 정
   치적 문제를 처리하고 헌법을 해석하는 기준이 되는 공공적
   정의관이 있다고 생각된다.
2. 일단 정의관이 선택된 다음에는 그에 의해 헌법이 선택되고
   입법 기관이 선택되는데 이러한 것들은 모두 이미 처음에 합
   의된 원칙들에 따라서 이루어진다. … 분배적 정의의 중심 문
   제는 사회 체제의 선택이다. 정의의 원칙들은 기본 구조에 적
   용되며 그 주요 제도들이 하나의 체계로 결합되는 방식을 규
   제하는 것이다.

② 갑: 위헌의 가능성이 있는 법에 대한 항거는 시민 불복종이
   아니다.
→ 거짓. 앞의 선지와 연결되는 선지임.
→ 지식을 단계화해보자.
1) 시민 불복종의 대상은 부정의한 법임.
2) 그런데 이 법은 공공적 정의관에 어긋남.
3) 그리고 공공적 정의관은 헌법과 연결됨.
4) 중간 결론. 즉 공공적 정의관-헌법으로 이어짐.
5) 그런데 부정의한 법은 공공적 정의관에 어긋남.
6) 최종 결론. 그러면 당연히 부정의한 법은 헌법에 어긋날 가
   능성이 있음.
→ 문제 없지? 그냥 샘 뇌피셜이지 않냐고?

〔롤스〕
입헌적 체제에서는 법정이 최종적으로 항의자들의 편에 설 것이
며 항의받은 법이나 정책은 위헌적인 것이라고 선언될 것이다.

③ 을: 시민 불복종은 다수결의 규칙을 거부하는 행위여야만 한다.
→ 싱어X. 다수결의 규칙, 민주주의 규칙 거부하지마! 제발!!!
   유사한 선지 이미 다루었음. 일부러 재활용했음!!

④ 을: 도덕적 문제는 투표로 결정하는 것이 가장 바람직하다.
→ 싱어X. 이걸 참이라고 하면 곤란함. 그러면 시민 불복종은
   왜 함????? 무엇보다 투표가 공리성을 보장하지 못함.

〔싱어〕
다수가 언제나 옳다는 원칙을 우리가 배격한다면, 그리고 물론
우리는 이를 배격해야만 하지만, 도덕적 문제를 투표에 붙이는
것은, 우리가 옳다고 믿는 것이 우리가 그르다고 믿는 것보다 더
많은 표를 받았다는 투표결과가 나올 것인지 도박을 하는 것이
다. 그리고 그것은 우리가 종종 지게 되는 도박이다.
그렇다고 해도 우리는 투표든 도박이든 … 그것들을 너무 경시
하지는 말아야 한다. … 한 사회가 의견이 대립되는 문제를 …
총알로 해결하는 것보다는 투표로 해결하는 것이 더 좋다.

→ 싱어 입장은 무조건 X 이런 식은 또 아니다. 그래서 선지
   에서 '가장 바람직'이라고 단서를 제시하였다. 물론 그러다
   보니 난이도가 내려갔다.ㅜㅜ

⑤ 갑과 을: 부정의한 법을 위반하지 않는 불복종은 정당화될
   수 없다.
→ 모두 정당화 될 수 있다고 보면 됨. 부정의한 법, 예를 들
   면 재수금지법(상상일 뿐임)에 항거하기 위해 우리는 도로
   법 같은 것을 어길 수 있음. 도로 점거 같은 것이 그런 예
   임. 너무 깊게 고민할 필요가 없음.

12. 답 ③
☞ Zola
(1) 칸트의 영구평화론 연습용임.
(2) 님들이 선지 보는 센스가 있으면 선지 ①과 ③이 상충한
    다는 것을 알 수 있음.

제시문이 칸트인 건 다들 아시죠? 칸트라고 외우지 말고 '칸트
의 영구평화론'을 통으로 외우세용~
① 국제법의 이념은 독립된 다수 국가들이 분리되어 있음을 전
   제로 한다.
→ 참. 원전 문장 그대로임.
→ 국제법은 독립된 국가들 간에 적용되는 것임. 따라서 일단
   독립된 국가들이 최소 2개는 있어야 함. 간단한 논리임.

② 전쟁 상태는 적대 행위가 발생한 상태가 아니어도 가능한
   상태이다.
→ 참. 칸트식 개념을 외워야 함. 전쟁 상태는 적대 행위의 '가
   능성'이 존재하는 상태임. 따라서 당장 적대 행위가 없어도
   적대 행위의 가능성이 있으면 전쟁 상태임.
→ 아래 제시문 참고.

함께 생활하고 있는 인간 사이의 평화 상태는 자연 상태는 아니
다. 자연 상태는 오히려 전쟁 상태이다. 다시 말하면, 그것은 예
를 들어 적대 행위가 언제나 발생한 상태는 아니라 하더라도 적
대 행위에 의한 위협을 받고 있는 상태이다. 그 때문에 평화 상
태는 만들어지지 않으면 안 된다. 왜냐하면 적대 행위가 없다 해
도 그것 자체가 아직 평화 상태에 대한 보장은 아니며, …

③ 공화국들은 국제법의 이념에 따라 세계 국가 수립을 추구한다.
→ 거짓. 이 선지는 선지 ①과 충돌하는 선지이기도 함. 세계
   국가를 추구하면 '독립된 국가 분리'가 아니잖아.

> ["칸트와 헤겔의 철학"(아카넷)]
> 이상적으로는 개인들이 원시적 자유를 포기하고 스스로 공법적
> 규제에 복종함으로써 국가를 수립하듯이, 국가들이 하나의 "국제
> 국가"를 수립하는 것이 좋겠지만, "그러나 국가들은 국제법의 이
> 념에 따라서 결코 이것을 원하지 않을 것이므로", 칸트는 "세계
> 공화국"이라는 적극적인 이념 대신에 "소극적인 대안"으로서 연
> 맹을 구성하는 것이 전쟁을 막는 유일한 현실적인 방법이라고
> 본다.

④ 평화 상태를 보장하기 위해서는 국가들 간의 계약이 필수적
   이다.
→ 참. 국가들 간 계약이 님들이 외운 국제연맹(평화연맹)임.

> 평화 상태는 민족들 상호 간의 계약 없이는 구축될 수 없고 보장
> 될 수도 없다. 그렇기 때문에 평화 연맹이라고 부를 수 있는 특
> 수한 종류의 연맹이 있지 않으면 안 된다.

⑤ 공화체제가 영구 평화로 이끌 수 있는 유일한 시민적 체제이다.
→ 참. 공화정체를 굳이 외운 이유가 이것 때문임. 모든 국가
   는 공화정체가 되어야 함! 그게 확정 조항 1항(시민법, 국
   내법) 내용임. 그러면 '모두'라는 얘기는 다른 애들은 안 된
   다는 의미가 됨. 즉 공화정 말고 다른 애들은 영구 평화에
   도움 안 됨. 이런 의미임.
→ 하나 더 하자면 공화정 아니면 전제정임. 그러니까 공화정
   아닌 다른 애들이 또 엄청 많은 것도 아님^^ 이 내용은 아
   직 몰라도 됨. 이것도 만약 평가원이 건드리면 그때 오르비
   에 자료 올리겠음.

13. 답 ①
☞ Zola
**(1) 수특·수완에 다문화 관련한 문제들이 꽤 있음. 확인해 두
   길 바람.**
(2) 형식: 사문에 나오는 자료 유형 가져왔음.

	갑	을	병
A	아니	응	응
B	상관없음	아니	응

갑: 동화주의, 을: 샐러드 그릇 모델, 병: 국수 대접 모델
참고로 세 정책 모두 '사회 통합'을 추구함. 즉 모두 사회 통합
을 목적으로 함.

(1) A에 가능한 질문들의 예
- 문화의 다양성을 바탕으로 사회 통합을 추구해야 하는가?
- 문화의 다양성을 있는 그대로 존중해야 하는가?
- 우리 문화와 다른 이주민 문화를 수용해야 하는가?

(2) B에 가능한 질문들의 예
- 중심 문화의 관점에서 문화의 다양성을 인정해야 하는가?
- 우리 문화를 중심으로 소수 문화들을 받아들여야 하는가?
- 주류 문화와 비주류 문화의 구분은 필요한가?

14. 답 ④
☞ Zola
(1) 국가관(사회계약론+다른 애) 연습용임
(2) 선지: 모두 알아 두세용~
(3) 제시문은
갑 제시문 모르면 곤란함. 기출임.
을 제시문은 제시문 자체가 지식이 되어야 함.
병 제시문은 제시문 자체를 지식으로 해두셈.

갑 - 아리스토텔레스(줄여서 '아리'라고 하겠음),
을 - 홉스, 병 - 루소.

선지 ④가 조금 복잡하니까 나머지부터 먼저 봅시다.
① A와 F: 국가가 가족보다 시간적으로 먼저 발생함을 간과
   한다.
→ 일단 아리가 인정하지 않음.
→ 아리의 공동체 발생 순서(시간적으로)가 가족-촌락-국가 순
   서임. 이걸로 해결됨.

② B: 전체적인 것이 부분적인 것에 우선하는 것임을 간과한다.
→ 거짓. '전체적인 것이 부분적인 것에 우선하는 것'이 아리 얘기
   임. 제시문을 보면 국가가 전체, 가정이나 개인이 부분임. 제
   시문 독해로도 연결되게끔 일부러 그렇게 만들었음.
→ 아리 제시문인데 읽어 두면 피가 되고 살이 될 것임.

> (1) 모든 국가는 하나의 생활 공동체이며, 모든 공동체는 어떤
>   선(善)한 목적을 이루기 위해 형성된다. … 모든 공동체 중에
>   가장 으뜸가며 다른 공동체 모두를 포괄하는 특정한 공동체가
>   있다면, 이는 가장 으뜸가는 좋은 목적을 추구한 것이다. 가
>   장 포괄적이며 가장 주요한 공동체가 바로 국가 즉 정치적 공
>   동체이다.
> (2) 자급자족이 국가의 본질이다. 국가는 그 본성상 다른 모든
>   공동체의 최종 목표다. 인간은 본성적으로 국가 공동체를 구
>   성하는 동물이다.
> (3) 국가는 가정과 개인에 우선한다. 전체는 부분에 우선한다.
>   국가 형성은 정의 실현의 전제다. 인간은 법과 정의가 없으면
>   가장 사악하고 가장 위험한 동물이다. 정의는 국가 공동체의
>   질서를 유지해 준다.
> (4) 국가는 자연적으로 존재하는 공동체들의 완성이므로 모든
>   국가는 자연적으로 존재하며, 이런 면에서 국가 성립 이전의
>   단계인 여러 공동체와 마찬가지 성격을 갖는다. 국가는 이런
>   여러 공동체의 종착역이며 가장 높은 단계이다.

③ C: 주권은 본질적으로 분할이 불가능한 것임을 간과한다.
→ 홉스든 루소든 주권 분할 안 됨. 주권을 국가를 대표하는 권리라
   고 생각하셈. 그러면 주권 분할은 국가를 쪼개겠다는 것임.

⑤ E: 자신의 모든 권리를 공동체에 양도하는 것은 아님을 간과한다.

→ 루소가 '자신의 모든 것을 공동체에 양도'한다고 했음. 그러니 루소에서 틀림.

〔루소〕
사회계약의 내용은 다음과 같은 단 하나의 조항에 귀착된다. 그것은 구성원 각자가 자기의 모든 권리와 함께 자기 자신을 전체 공동체에 전적으로 양도한다는 것이다.

④ D: 입법권을 가진 통치자가 주권을 가진 대표자임을 간과한다.

→ 참. 출제 의도에 맞게 설명하겠음. 틀렸다고 빡치지 말고 출제 의도만 잘 아두시면 됩니다.

→ 일단 홉스임. 아래 질문과 답을 잘 보셈. 홉스에 따르면
통치자가 입법권을 가지나요? 예스!
통치자가 대표자인가요? 예스!
(참고로 '통치자–대리인'도 맞음)
통치자가 주권자인가요? 예스!
결론: 입법권을 가진 통치자가 주권을 가진 대표자임.

→ 루소가 문제임.
통치자가 입법권을 가지나요? 노!!!
여기서 끝남. 답이 나옴.
조금 더 부연 설명하면 통치자는 행정권의 우두머리임. 그리고 행정권은 대리인에 불과함.
통치자가 대표자인가요? 노!!
통치자가 주권자인가요? 노!!
이렇게 정리됨.

15. 답 ③

☞ Zola

(1) 유형: 서술형 평가 유형은 가끔 출제가 됨. 단, 선지 조합은 난이도를 높였음. 보통 한 개 고르라는 유형임. 선지 조합만 수정하면 100% 수능형이라 볼 수 있을 것임.

(2) 선지 ⓒ을 틀렸으면 너무 빡치지 말고 설명 잘 봐줘.

갑은 롤스, 을은 싱어이다. 제시문의 판단 근거는 다음과 같다.

제시문	사상가 판단
갑: 한 나라가 어떻게 살아가는가를 결정하는 핵심 요소는 그 나라의 정치문화이지, 그 나라의 자원 수준이 아니다. 따라서 해외 원조에서 자원 배분배 정책을 논할 필요는 없다.	정치문화적 요소 중시. 자원 배분배에 관심없음 → 롤스로 판단할 수 있음(님들은 그 정도 기본 지식은 갖고 있어야 함)
을: 절대 빈곤국에 사는 사람들의 수를 줄이는 것은 분명 상대적인 빈곤을 줄이는 것보다 더 효용성이 크고 절박한 일이다.	효용성 중시 → 공리주의(싱어)로 판단 가능함.

㉠ 갑은 고통받는 사회는 인권에 대한 관심 부족으로 기아가 방치될 수 있다고 보았다.

→ 참. 아래 두 지식을 활용하면 이 선지는 OX 판단이 가능해진다.

지식 1	절대 빈곤을 위한 원조를 해야 한다. OOO
지식 2	인권을 확립하는 것이 원조의 목적이다. OOO

⇩ ⇩ ⇩

우리 뇌피셜 (지식 1+2)	인권 확립이 절대 빈곤 해결에 도움이 될 것 같은데....그렇다면 인권에 대한 관심 부족이 뭔가 문제가 되겠군!!!

그리고 우리 뇌피셜은 틀리지 않았다!! 롤스도 동의함.

㉡ 을은 정부를 압박하여 해외 원조가 효과적일 수 있도록 해야 한다고 보았다.

→ 참. 많은 분들이 정부를 '압박하여'라는 표현에서 망설이는데, 이 표현의 의미는 정부를 설득시켜서, 정부에 영향력을 행사해서와 같은 의미로 보면 됨.

〔싱어〕
정부를 압박하여 세계의 빈곤한 이들에 대한 원조를 늘리고 그러한 원조가 가능하면 효과적일 수 있도록 만들어야 한다. 그러나 정부가 그 책무를 다하지 않으려고 한다면 우리 또한 우리 자신의 책무에 따라 행위할 수 있고, 해야 한다. 원조 단체에 기부함으로써 우리 자신에게 도덕적으로 마찬가지로 중요한 어떤 것을 희생하지 않고서도 아주 나쁜 일들이 생기는 것을 우리가 중지시킬 수 있는 한, 그러한 단체에 기부하는 것은 우리가 마땅히 해야 하는 일이다.

㉢ 을과 달리 갑은 원조받는 나라들의 정부가 법과 제도를 개선하도록 고무하는 것이 원조의 목적 달성에 기여할 수 있다고 보았다.

→ 거짓. 바나나 저격용이기도 함. 우선 선지를 다시 읽어봐라.
→ 그러면 확인해 보자.
확인 1. 교육 개선이 싱어식 원조 목적(공리성 확보)에 기여할 수 있냐?
확인 2. 교육 개선이 롤스식 원조 목적(인권 향상, 자유와 평등 보장)에 기여할 수 있냐?
확인 1과 2가 선지에서 묻는 것이다. 님들의 생각은? 답변은 뻔하지 않을까? 모두 응이다. 그럴 수 있다고!!

→ 개별 사상가들의 지식으로 접근하면 아래와 같다.
→ 롤스 지식은 아래에서 확인됨. 그리고 좀 더 쉽게 하자면 인권을 중시하는 것이 롤스이므로 교육이 인권 향상에 도움될 것이다는 정도로만 추론해도 충분함.

〔롤스〕
인권의 존중은 … 여성을 위한 평등한 정의의 요소들을 확립하는 것이다. … 여성에게 투표권, 참정권, 교육을 받고 활용한 권리, 부와 재산을 소유하고 관리할 권리를 부여했다. … 기본적 정의의 요소들은 건전한 사회정책의 본질적 요소로 증명되었다.

→ 싱어 지식 확인.

〔싱어〕
우리는 빈곤한 나라들을 도와서 그 나라의 가장 빈곤한 사람들이 생활수준을 향상시킬 수 있다. 이러한 나라들이 정부를 고무하여 토지개혁법을 제정하고, 교육을 개선하고, 여성들을 교육하여 단순히 아이 낳는 역할에 대한 대안을 제공할 수 있다.

→ 싱어와 롤스 모두 여성의 교육, 권리에 관심이 있음을 알 수 있다.
→ 하나 더. 싱어는 다음과 같이 말한다.

〔싱어〕
나는 절대빈곤과 그에 따른 배고픔, 열악한 영양상태, 주거의 부족, 문맹, 질병, 높은 유아 사망률, 낮은 평균수명 등을 나쁜 것이라고 가정한다.

→ 여기서 '문맹'이라는 단어가 확인된다. 그러면 당연히 문맹을 제거하기 위해 '교육'이 필요할 것이다라는 추론이 가능해짐.

㉣ 갑과 을 모두 원조 대상국의 정치 상황이 원조 대상을 결정짓는 요소가 될 수 있다고 보았다.
→ 참. 교육청에도 나오고 평가원에도 나왔는데 의외로 많이 틀림.
→ 일단 롤스는 쉬울 듯. 원조 대상국이 정치 문화적인 요소, 사회의 기본 구조에 문제가 있다고 판단되는 애들이므로. 게다가 무법 국가를 알면 정치 상황(무법적인지 아닌지)에 따라 원조를 할 것인지 말 것인지를 결정한다고 생각할 수 있음. 그러면 롤스는 당연히 O가 될 듯함.
→ 그 다음 싱어임. (롤스도 마찬가지인데) 싱어는 원조 효과를 따지는 애임. 그렇다면 원조 대상국이 원조 효과가 잘 나타나는 애들인지 아닌지 확인해 보지 않을까??? 아래 제시문 확인 바람.

〔싱어〕
우리는 절대 빈곤을 감소시킬 책무를 갖는다. 그러나 결국에 가서 극단적인 빈곤을 감소시킬 전망을 전혀 갖지 못하고, 심지어는 증가시킬 수도 있는 전망을 갖는 희생을 해야 할 책무를 가지지는 않는다. 그래서 우리는 그 정부가 우리의 원조를 헛되게 만들 정책을 집행하는 나라를 원조할 책무는 없다. 이는 이러한 나라의 빈곤한 시민들에게는 매우 고약할 것일 수 있다. 왜냐하면 그들은 정부의 정책에 대해 아무런 발언권도 가지지 못할 수도 있기 때문이다. 그러나 우리는 결국 우리의 자원이 가장 효과적일 수 있는 곳에 우리의 자원을 제공함으로써 보다 많은 사람을 도울 것이다. 덧붙이자면, 같은 원칙이, 여성이 교육받는 것을 허용하기를 거부하는 것과 같이, 원조를 효과적으로 만들 수 있는 다른 조치를 취하기를 거부하는 나라들에도 적용될 수도 있다.

16. 답 ②
☞ Zola 수완 문제 보고 의무론의 칸트와 자연법 윤리(아퀴나스) 연습시켜야 되겠다고 생각하고 만들었음. 문제 자체의 난이도는 수완 정도임.

갑 - 아퀴나스. 아퀴나스 '영원법' 외우는 분들 많은데 그게 중요한 것이 아니라 자연법이 중요함.

을 - 칸트인 건 다들 알겠지??!!!!!!

각 질문에 대한 사상가별 입장은 다음과 같음.

질문	갑(아퀴나스)	을(칸트)
① 인간은 자연적 성향을 따르고자 하는 욕구를 가진 존재인가?	응	응
② 행위의 옳고 그름은 자연적 성향에 근거하여 결정되는가?	응	아니
③ 인간은 도덕 법칙을 파악할 수 있는 능력을 가지고 있는가?	응	응
④ 이성적인 인간은 자신의 행위를 스스로 선택할 수 있는가?	응	응
⑤ 자기 보존의 의무는 인간이 지켜야 할 보편적인 의무인가?	응	응

하나만 확인하면 된다. '자연적 성향'의 의미이다.
아퀴나스와 같은 자연법 윤리에서 자연적 성향은 본성이나 로고스(우주·자연의 이성의 법칙, 자연법)라고 보면 된다. 정확히는 자기 보존, 종족 보존, 신과 사회의 진리 파악임.
그런데 칸트에게 자연적 성향은 쾌고 감각적 성향을 의미한다. 그러면 해결은 간단해 진다.

② 행위의 옳고 그름은 자연적 성향에 근거하여 결정되는가?
→ 아퀴나스: 인간의 윤리는 자연적 성향(자연법)에 근거한다.
→ 칸트: 인간의 윤리는 자연적 성향(쾌고)이 아니라 실천 이성에 근거한다.
이걸로 끝이다. 너무 간단하지 않니????

17. 답 ⑤
☞ Zola
(1) 동양 윤리의 표현법 조심하자는 취지에서 만든 문제임. 바로 ㄱ임^^
(2) 시험장에서는 ㄴ, ㄹ을 활용한 소거법으로 쉽게 풀림

갑-순자, 을-칸트

제시문	설명
갑: 선왕(先王)들은 예와 우아한 음악을 제정하고 이끌어 음악을 즐기면서도 어지러움으로 흐르지 않게 하였다. 예악은 모두 사람들의 마음을 주관한다.	선왕(성왕)이 예를 제정함. 이걸로 순자로 보면 됨.
을: 미적 즐거움은 동물과 신적 존재 사이의 중간자인 인간에게 고유한 것이며, **감성적인 것으로부터 순수 이성적인 것으로 나아가는 계기를 마련한다.**	밑줄 친 부분이 '미는 선의 상징이다'를 풀어쓴 내용임. 그걸 알면 칸트로 확정됨.

일단 이게 시험이면 ㄹ을 골라내고 ㄴ을 쳐내는 소거법을 활용하는 것이 편할 것 같음.

ㄹ - ㄴ부터 먼저 봅시다!
ㄹ. 갑과 을: 예술은 인간이 도덕성을 발휘하는데 기여할 수 있다.
→ 참.
→ 순자는 제시문 독해로도 해결 됨. 칸트도 감성에서 이성으로
　나아간다에서 추론 가능함. 지식형 설명 필요없을 듯함.

ㄴ. 을: 미적 활동은 감각적 활동과 달리 인간에게 즐거움을 준다.
→ 거짓.
→ 감각이 쾌고 감각을 의미한다면 감각적 즐거움이 인간에게
　도 있음을 알 수 있음. 감각적 즐거움은 동물과 인간이 모
　두 경험할 수 있는 즐거움임. 단, 미적 즐거움은 동물에게
　는 없음. 미적 즐거움은 인간에게만 해당됨.

그러면 이 정도에서 답은 골라짐. 나머지를 봅시다.
ㄷ. 을: 미적 체험을 통한 자유와 도덕의 전제인 자유는 다른
　　것이다.
→ 참. 선지에서 어느 정도 논리 독해가 가능함.
미적 체험을 통한 자유 → 미를 체험한 후에 자유를 느낀다는 것임.
도덕의 전제인 자유 → 자유가 도덕 이전에 전제되어야 한다는
것임.
그러면 두 자유는 하나는 결과(?)이고 다른 하나는 전제이니
다른 것이지 않을까라는 생각을 해 볼 수 있음. 물론 이 정도
까지 생각해서 풀어야 할 문제는 실제 수능에서는 없을 것임.
→ 아래 제시문 참고

> 우리는 가을철 붉게 물든 단풍을 바라보면서 아름답다고 판단하
> 는데, 이때 우리 내면은 자유로움을 느끼게 된다. 한편, 도덕은 자
> 유가 전제될 때 성립할 수 있는데, 이때의 자유는 느끼는 자유가
> 아니라 사고를 통해 상정된 자유이다. 이러한 자유는 현실에서 직
> 접적으로 인식할 수 있는 것은 아니고, 도덕적 행위를 함으로써
> 간접적으로 확인될 수 있는 것이다. 이와 같이 미적 체험을 통한
> 자유와 도덕의 전제인 자유는 서로 다른 것이기는 하지만 "이기적
> 인 욕구에서 벗어나 있다(무관심성)."라는 점에서는 동일하다.

ㄱ. 갑: 군주는 음악을 통해 인간의 본성을 회복시켜야 한다.
→ 거짓. 지식적으로 순자는 본성이 '악(이기성)'이라는 것을
　알아야 함.
→ 그러면 그 다음은 국어 문제임.
본성 대신에 악을 집어 넣자. 그러면 '악을 회복하자'는 말인데
맞음????
우리가 건강(좋은 것)을 회복하자고 하지 질병(나쁜 것)을 회
복하자고 하지는 않음. 간단히 국어로 해결됨!!!!

---

18. 답 ③

☞ Zola 평가원 선지 ①·③과 교육청 선지 ⑤의 콜라보임^^
　환경 윤리 연습용임. 난이도는 어렵지 않을 듯함.

갑은 칸트(인간 중심), 을은 테일러(생명 중심)인 것은 설명
필요 없죠?!

하나씩 봅시다.

① A: 이성이 없는 존재에게는 어떠한 가치도 부여되지 않는다.
→ 기출 선지임. 〔22-6-10〕 참고. 꼭 다시 보시길 바람. 당시
　수험생들이 인간 중심주의로 판단 많이 했음. 현강에서도
　그렇게 판단하는 분들 많음. 아래 설명 잘 보셈.
→ 갑과 을 모두 부정할 내용임. 이 선지는 모든 사상가가 부
　정할 내용임. 왜냐하면 모든 존재는 수단적 가치는 가지고
　있을 수 있기 때문임.
즉 칸트의 경우 이성이 없는 존재에게는 수단적 가치(만) 있
음. 이렇게 됨.

② A: 자연계의 존재들을 파괴하지 말아야 할 이유가 존재한다.
→ 이거 바나나 선지이지 않을까? 윤리는 뭘 하든 '이유'가 있
　음. 윤리에는 '그냥'은 없음. 그러니까 B에 들어가야 함.
→ 샘! 기출에서 칸트 자연계 파괴가 도덕적으로 허용될 수 있
　다라고 나왔는데요? 맞음. 그렇게 나왔음. 그런데 그거랑
　이거랑 뭔 상관임????????
→ 아래 제시문 확인하셈. 칸트 이유 있음.

> 〔칸트〕
> 자연 중에 생명이 없음에도 아름다운 것에 대해 파괴를 일삼는
> 것은 인간의 자기 자신에 대한 의무에 반한다. 왜냐하면 그것은
> 그 자체만으로는 도덕적인 것이 아니지만, 그럼에도 도덕성을
> 매우 촉진하고, 적어도 그를 위해, 곧 무엇인가(예컨대 광물계의
> 아름다운 결정체들, 식물계의 형언할 수 없이 아름다운 것)를 유
> 용성에 대한 고려 없이도 사랑하도록 준비시키는 감정의 정조
> 인, 인간 안의 감정을 약화시키거나 절멸시키기 때문이다.

→ 테일러는 굳이 설명 안해도 되겠죠?????

③ B: 생명을 갖고 있지 않는 개체는 도덕적 지위를 갖지 않는다.
→ 너무 고민하지 말고 '돌' 생각하셈. 칸트에게 돌은 도덕적
　지위 없음. 그런데 테일러도 돌은 도덕적 지위 없음. 이러
　면 되지 않나요?
→ 〔24-9-10〕 기출 참고함.

④ C: 생태계에 대한 개입은 자연 존중의 태도와 양립할 수
　없다.
→ 이건 테일러가 양립 가능하므로 틀림. 칸트는 생각할 필요
　가 없음.
→ 칸트도 생태계에 대한 개입은 인정함. 대신 칸트가 자연 존
　중이라고 하지는 않겠지. 참고로 테일러는 '자연 존중의 태
　도'라고 말하기는 하지만 너무 따지고 들 필요는 없을 듯
　함. 테일러는 생명 중심이라는 것만 알면 됨.

---

⑤ C: 모든 유기체는 자신의 존재 지속을 위해 의식적으로 활동한다.
→ 교육청 선지 활용함. 교육청이 잘 낚은 것 같음. 교육청에 쓸만한 것들이 꽤 있음^^
→ 이건 테일러가 틀려서 오답임. 유기체는 생명체임. 그런데 식물이라는 생명체에는 의식이 없음!!!

〔테일러〕
의식이 있든 없든 모든 존재는 자기 보존과 행복을 향하여 움직이는 목적 지향적인 활동의 단일화된 체계라는 점에서 동등한 목적론적 삶의 중심이다.

→ 칸트 생각할 필요가 없음.

19. 답 ④
☞ Zola
(1) 자료가 신유형임. 그런데 신유형일 뿐임. 신유형이라고 더 어려울 이유가 없음. 그래서 시험장에서 신유형 나왔다고 흔들릴 필요가 없음!

	갑	을
A	응	상관없음
B	응	응
C	아니	응

(2) 롤스, 노직 연습 더 하자!!!
갑이 롤스, 을이 노직인 것은 굳이 설명이 필요없을 듯함.

하나 하나 봅시다!

ㄱ. A: 무지의 베일은 원초적 상황에 필요한 힘과 지식의 평등을 보장하는가?
→ 참. 무지의 베일은 공정한 절차를 마련하기 위해 고안된 장치임. 공정한 절차는 어떤 것인가? 누군가가 다른 사람보다 우위에 있는 것을 막기 위한 것임. 이 정도면 이 선지는 해결될 수 있을 듯함.
→ 혹은 원초적 상황은 평등한 상황이라는 정도로만 알아도 해결됨. 낯선 선지일 수는 있는데, 그럴수록 기본 지식으로 해결하려고 해야 함. 복잡하게 생각하면 노답임!

〔샌델, '정의란 무엇인가'〕
무지의 장막은 원초적 위치에 필요한 힘과 지식의 평등을 보장한다. 누구도 상대의 사회적 지위, 상대의 장단점, 상대의 가치와 목적을 모른다는 점을 보장함으로써 하다 못해 무의식으로라도 거래의 우위를 차지하는 사람이 없도록 한다. "특정한 사람에게 (특정한) 지식이 허용된다면, 그 결과는 우연으로 왜곡된다. 원초적 위치에서 공정한 동의를 도출하려면 참가자들은 공정한 위치에 있어야 하며, 똑같이 도덕적인 사람으로 간주되어야 한다. 이러한 원초적 계약 상황을 설정함으로써 임의의 요소들을 바로 잡아야 한다."

ㄴ. A: 원초적 입장의 당사자들은 자신의 약속이 헛되지 않을 것을 확신하는가?
→ 참. 기출 연장선임.
〔25-수능〕 원초적 입장의 당사자들은 상호 신뢰할 수 있는 존재들이다. 롤스OOO
→ 위 기출과 관련된 내용들임. 간단히 설명하자면 원초적 입장에서 한 합의로 국가·사회 체제를 만들어야 함. 이는 엄청 큰 일임. 그러니 이걸 심심하다고 바꾸고 할 수가 없음.

1. **철저한 준수를 보장하기 위해서** 또 하나의 가정이 필요하다. 당사자들은 정의감을 행사할 능력이 있다고 가정되며 바로 이러한 사실이 그들 간에도 공공연히 알려져 있다는 점이다. 이러한 가정은 원초적 입장에서 이루어진 합의의 완전무결함을 보장하기 위한 것이다. … 당사자들이 서로 믿고서 이해하고 **최종적으로 합의되는 원칙**에 따라 행동할 수 있다는 점에 있는 것이다. 일단 원칙이 받아들여지면 당사자들은 서로 믿고서 그 원칙에 따를 수 있다. **그래서 합의에 도달함에 있어서 그들은 자신들의 약속이 헛되지 않을 것임을 알고 있다.** 즉 정의감(sense of justice)에 대한 능력은 선택된 원칙이 준수될 것임을 보장하게 되는 것이다.

2. **당사자들은 자신의 약속이 헛되지 않을 것을 확신하고 있다는** 의미에서 그들은 정의에 대한 능력을 갖고 있다고 말했다. 그들이 도덕 심리의 일반적 사실까지 포함한 모든 것을 고려한다고 가정할 경우 그들은 서로를 믿고서 채택된 원칙을 준수할 수 있다. 그래서 그들은 공약의 부담을 고려하게 된다. 그들은 그들이 용납할 수 없는 결과를 갖게 될 그러한 사항에 합의할 수 없다. 그들은 준수하기 아주 어려운 것도 피하고자 한다. **원초적 합의는 최종적인 것이며 영구적인 까닭에 또 한 번의 기회란 없다.** … 이런 관점에서 볼 때 정의의 두 원칙은 분명한 장점을 갖는다. 당사자들은 그들의 기본권을 보호할 뿐만 아니라 최악의 불상사에도 대비하게 된다. 그들은 일생 동안 타인이 누릴 보다 큰 선을 위해 자유의 상실을 감수해야 할 모험을 하지 않으며 현실적 상황 속에서 그들이 지키지 못할 약속을 하지 않는다.

ㄷ. B: 정의의 원리에 따라 소득이 공정하게 분배되어야 하는가?
→ 항상 참임. 바나나 선지임. '공정 분배', '정의 원리' 반대할 사상가가 없음. 사상가마다 공정이나 정의 원리가 다를 뿐임. 제발 바나나 제거 특강 듣고 시험장 가길 바람!!!

ㄹ. C: 모든 사회적인 가치들은 분배 정의의 대상이 되는가?
→ 이건 노직은 모르겠고 롤스가 확실히 '응'임. 그래서 틀린 선지가 됨.
→ 참고로 이 선지는 롤스와 왈처 비교할 때 둘의 공통점으로 출제되는 선지임. 만약 왈처가 평가원에 나오면 별도 공지 오르비에 올리도록 하겠음.

〔롤스〕
모든 사회적 가치들 - 자유, 기회, 소득, 재산 및 자존감의 기반 - 은 이들 가치의 전부 또는 일부의 불평등한 분배가 모든 사람에게 이익이 되지 않는 한 평등하게 **분배되어야 한다.**

20. 답 ③

☞ Zola 앞에서 홉스-루소 출제한 문제가 있음. 나머지 로크로 마무리하겠음. 미리 말하지만 고생많았음^^

제시문은 로크임. '자유, 평등, 집행권, 처벌권' 넘겨줌. '자평집처' 외워!!
그리고 자연 상태에서 '재산' 너무 중요함. 이러면 로크임.

선지 하나 하나가 지식형 선지이므로 순서대로 봅시다.
ㄱ. 전쟁 상태를 피하려는 것이 사회 계약의 중요한 이유가 된다.
→ 참. 기출 재활용임.
〔26-6-8〕 자연 상태에서 공통된 재판관의 부재는 전쟁 상태를 유발한다. 로크○○○
→ 제시문 확인하셈!

> 자연 상태에서처럼 확고한 법과 권위를 갖춘 재판관이 없어서 그런 호소를 할 수 없는 곳에서는 전쟁 상태가 다시 시작되고 지속된다. … 이러한 전쟁 상태를 피하려는 것이 인간들 스스로가 사회에 편입되고 자연 상태를 멈추게 되는 중요한 한 가지 이유가 된다.

ㄴ. 자연 상태에서 인간은 타인을 처벌할 권력을 갖고 있지 않다.
→ 거짓. 기출임.

> 〔23-수능-12〕 로크
> 자연 상태에서 개인은 재산권뿐만 아니라, 타인이 자연법을 위반한 것을 판단하고 처벌하는 권력을 가진다. 이 처벌권을 공동체에 양도하는 곳에서만 정치 사회가 존재한다.

→ 자평집'처'만 외워도 해결됨. 자연 상태에서 자평집처(자유, 평등, 집행권, 처벌권)를 가지고 있음.

ㄷ. 법에 복종하며 사는 것이 그 사회의 구성원으로 만드는 것은 아니다.
→ 참. 이건 윤사급인데 알아 둡시다. 명시적 동의와 묵시적 동의 활용한 선지임.
→ 지식은 아래와 같음.
지식 1. 명시든 묵시든 동의로 인해 법에 복종하는 의무(정치적 의무)가 성립함. 따라서 법에 복종하는 것만 보고는 명시인지 묵시인지 모름.
지식 2. 그 사회의 구성원이 되는 것은 명시적 동의임.
결론. 따라서 법에 복종하는 것이 명시적 동의이면 그 사회의 구성원이 맞는데, 묵시적 동의이면 그 사회의 구성원은 아님.

→ 아래 기출 확인

> 〔18-6-18, 윤사〕
> **특정한 사회에 들어가겠다는 어떤 사람의 명시적 동의가 그를 그 사회의 완전한 구성원으로 만든다**는 점에 대해서는 아무도 의심하지 않는다. 또한 어떤 정부의 영토 일부를 소유하거나 향유하는 자는 그럼으로써 묵시적 동의를 한 셈이며, 그러한 향유를 지속하는 동안, 그 정부하에 있는 사람들과 같은 정도로 그 정부의 법률에 복종할 의무를 진다. 그러나 **어떤 사람이 어느 나라의 법률에 복종하며 살면서 그 법률이 제공하는 특권과 보호를 향유한다는 사실이 그 사람을 그 사회의 구성원으로 만드는 것은 아니다.**

→ 선지 독해가 출제 의도와 맞지 않다면 아마 출제자인 Zola가 국어적인 각색을 제대로 못한 것일 수도 있으니 너무 빡치지 말 것.

고생했어요~~
열공+즐공=대박!!

Welcome to Zola Hell

<대학수학능력시험대비>
대학수학능력시험대비
사회탐구 영역

졸시(Zol Ci)
생활과 윤리
실전 모의고사
<<샘플 공개>>

zolzolzolzolzolzolzolzolzolzolzolzolzolzolzolzol
바나나 제거!
zolzolzolzolzolzolzolzolzolzolzolzolzolzolzolzol

〔주의사항〕
1. 졸시모는 추후에 오르비 전자책(지식거래소) 형태로 출간될 예정입니다.
2. 부록모고의 풀버전 해설은 https://atom.ac/ 교재페이지에 업로드할 예정입니다.
   (무료 공개 예정)
3. 변경이 생기면 홈페이지와 오르비 통해서 공지하겠습니다.

열공 + 즐공 = 대박!!!   by Zola

졸시(Zol Ci)의 정신

어떤 주제는 매번 나옵니다.

어떤 주제는 2~3년에 한 번씩 나옵니다.

어떤 주제는 5~10년에 한 번 나옵니다.

어떤 주제는 생윤 역사상 딱 한 번 나옵니다.

그러나

어떤 주제이든 어렵게 출제될 수 있습니다.

그것이 올해 수능의 킬러 문제이면 어쩌시겠습니까?

이 모의고사는 처음부터 끝까지 킬러 난이도입니다.

우리에게 익숙한 주제도 있고 그렇지 않은 주제도 있지만 모두 킬러 난이도입니다.

오로지 킬러이기 위해 만들어진 문제입니다.

그럼에도 불구하고

지엽은 없습니다.

철저히 교과서＋기출＋ebs＋원전에 한정되어 나온 핵심들일 뿐입니다.

열공＋즐공＝대박!!!

[부록 교시]

사회탐구 영역(생활과 윤리)

성명 ☐　　수험 번호 ☐☐☐ ― ☐☐☐☐　　제 ( ) 선택

---

1. (가)의 갑, 을 사상가들의 입장을 (나) 그림으로 표현할 때, A~C에 들어갈 적절한 진술만을 <보기>에서 있는 대로 고른 것은?

(가)	갑 : 자연 체계 내에서의 인간은 다른 동물들과 같이 대지의 산물로서 평범한 가치를 가진다. 그러나 도덕적, 실천적 이성의 주체로서 인간은 자연 안에 존엄하며 절대적 가치를 지닌 존재이다. 을 : 삶의 주체인 동물의 내재적 가치보다 인간의 내재적 가치가 크다고 할 수 있는 이성적인 근거는 없다. 내재적 가치를 지닌 존재는 인간 동물 할 것 없이 같은 정도의 내재적 가치를 지녔다.

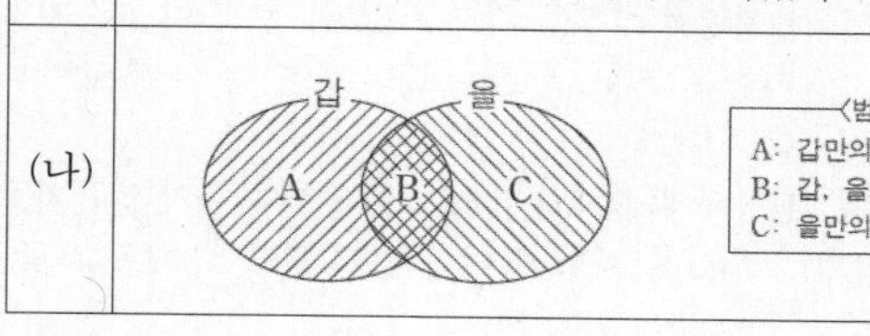

─〈보 기〉─
ㄱ. A: 비이성적 존재에 대한 의무는 인간 자신에 대한 의무이다.
ㄴ. B: 인간만이 미래에 대한 관심을 갖고 자신의 목적을 추구한다.
ㄷ. B: 동물이 느끼는 고통이 동물 학대 금지의 주된 근거가 아니다.
ㄹ. C: 의무론의 관점에서 삶의 주체인 동물의 권리를 존중해야 한다.

① ㄱ, ㄴ　　　② ㄱ, ㄹ　　　③ ㄷ, ㄹ
④ ㄱ, ㄷ, ㄹ　　　⑤ ㄴ, ㄷ, ㄹ

---

2. 그림은 어느 서양 사상가의 책의 일부를 발췌한 것이다. 이에 대한 설명으로 가장 적절한 것은?

　　□□조항
1. 각 국가의 시민적 체제는 공화적 체제여야 한다.
2. ⓐ국제법은 자유로운 국가들의 연방제에 기초를 두어야 한다.
　　　…이하 생략…

　　ⓑ○○조항
1. 장래에 있을 전쟁의 씨앗을 비밀리에 유보한 채 체결된 평화 조약은 결단코 ⓒ평화 조약이라고 할 수 없다.
2. 독립하고 있는 국가는 승계, 교환, 매수 또는 증여에 의해 다른 국가에 취득될 수 없다.
3. 상비군은 시대의 흐름과 함께 완전히 폐기되어야 한다.
　　　…이하 생략…

① ⓐ은 국가들의 효과적인 자유 보장을 위해 강제법에 근거해야만 한다.
② ⓐ은 자유 국가들의 자국 방어를 위해 전쟁으로의 권리를 정당화한다.
③ ⓑ은 영구적인 평화를 위해 즉각 시행되어야 할 조항들이다.
④ ⓑ의 조항들은 국가 간 영구적인 평화를 위한 전제 조건이다.
⑤ 모든 전쟁의 종식을 추구하는 ⓒ은 평화 연맹과는 구분된다.

---

3. (가)의 갑, 을, 병 사상가들의 입장을 (나) 그림으로 탐구할 때, A~D에 해당하는 질문으로 가장 적절한 것은?

(가)	갑 : 계급 간의 대립에 의해서 규정되는 부르주아 사회 대신에 각 개인의 자유로운 발전이 모두의 자유로운 발전의 조건이 되는 사회가 형성될 것이다. 을 : 정의 그 자체만으로는 정의보다 못한 어떤 것으로 전락하기 쉽다. 따라서 정의는 도덕적 통찰에 의해 인도되어야 한다. 병 : 어떤 사회가 그 성원들의 선을 증진해줄 뿐만 아니라 공공적 정의관에 의해 효율적으로 규제되는 경우, 그 사회를 질서정연한 사회라고 한다.

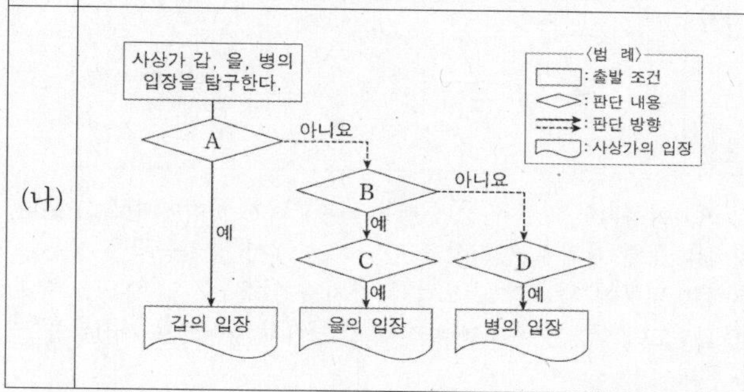

① A: 정치적 저항은 정의를 실현하기 위한 수단으로 적절한가?
② B: 사회가 추구해야 하는 최고의 도덕적 이상은 사회 정의인가?
③ C: 인간은 자질 면에서 사회 문제를 해결하기에 부족함이 있는가?
④ D: 경쟁적 시장 체제와 부의 소유 분산은 양립할 수 없는가?
⑤ D: 모두가 합의하는 정의의 원칙은 설립할 정부의 형태를 명시하는가?

---

4. 다음은 서양 근대 사상가와의 가상 대담이다. ⓐ에 들어갈 진술로 가장 적절한 것은?

사회자 : 선생님은 의무론으로 유명하신데 간단히 소개해 주실 수 있을까요? 사상가 : 저의 의무론에 따르면 의무에 맞는 행위와 의무이기 때문에 한 행위를 구분합니다. 칭찬받기 위해 정직한 것은 의무에 맞는 행위이긴 하지만 의무이기 때문에 한 행위는 아니므로 도덕적 가치가 없다고 할 수 있습니다. 사회자 : 그렇군요. 그런데 샘은 20년 10월 교육청 15번 문제가 오류라고 주장하셨는데 그 이유가 무엇입니까? 사상가 : 저는 인간의 의무를 직접적 의무와 간접적 의무로 구분하였습니다. 해당 문제가 오류인 이유는 간접적 의무는 　　　　ⓐ

① 상대적 가치밖에 지니지 않는 사물과 관련한 의무이기 때문입니다.
② 이성이 없는 존재를 의무의 대상으로 여기지 않기 때문입니다.
③ 자율적 행위 능력이 없는 존재도 의무의 주체로 보기 때문입니다.
④ 자연과 관련한 의무는 아니지만 인간에 대한 의무이기 때문입니다.
⑤ 이성이 없는 존재의 어떠한 가치도 인정하지 않기 때문입니다.

5. (가)의 갑, 을, 병 사상가들의 입장에서 서로에게 제기할 수 있는 비판을 (나)그림으로 표현할 때, A~E에 해당하는 내용으로 가장 적절한 것은?

(가)	갑 : 만족한 돼지이기보다는 불만족한 인간인 편이 더 낫다. 스스로 낮은 수준의 삶으로 떨어지는 것을 원하는 인간은 없을 것이다. 을 : 자연은 인류를 고통과 쾌락이라는 두 주권자의 지배하에 두었다. 공리를 계산할 때는 강도, 지속성, 확실성 또는 불확실성, 근접성, 다산성, 순수성, 범위를 고려해야 한다. 병 : 도덕 법칙은 하나의 완전한 존재자의 의지에게는 신성(神性)의 법칙이지만, 모든 유한한 이성적 존재자의 의지에게는 의무의 법칙이다.

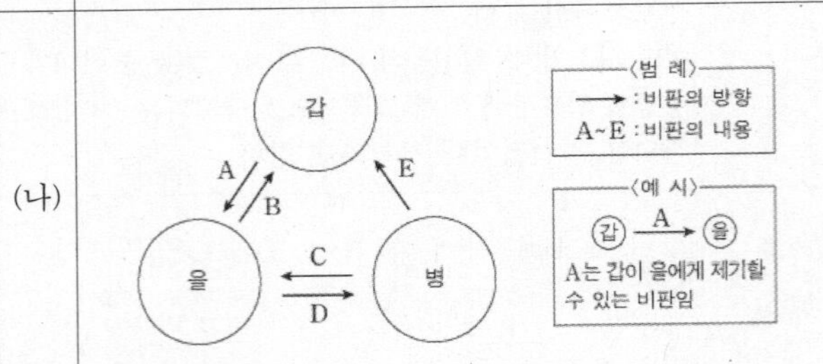

① A : 이성적인 인간은 양적 행복을 추구하지 말아야 함을 모른다.
② B : 개별 행위의 공리성을 판단하는 것이 불가능함을 모른다.
③ D : 의무에 맞더라도 도덕적 가치가 없을 수 있음을 모른다.
④ E : 도덕 법칙은 무조건 따라야 할 명령의 형식으로 제시됨을 모른다.
⑤ C와 E : 남을 이롭게 하는 행위라도 옳지 않을 수 있음을 모른다.

6. (가)의 갑, 을 사상가들의 입장을 (나) 그림으로 탐구할 때, A~C에 들어갈 적절한 질문만을 <보기>에서 있는 대로 고른 것은?

(가)	갑 : 모든 자산을 관리하는 어떤 사람이나 자산이 어떻게 분배될 것인가를 결정하는 집단은 존재하지 않는다. 각 개인이 갖는 바는 그가 다른 사람과 교환하여 그 다른 사람으로부터 얻은 바이다. 을 : 각각의 분배의 영역에서는 오직 특정한 기준과 제도들만이 정의롭다. 상이한 사회적 가치들은 상이한 근거에 따라 상이한 주체에 의해 분배되어야 한다.

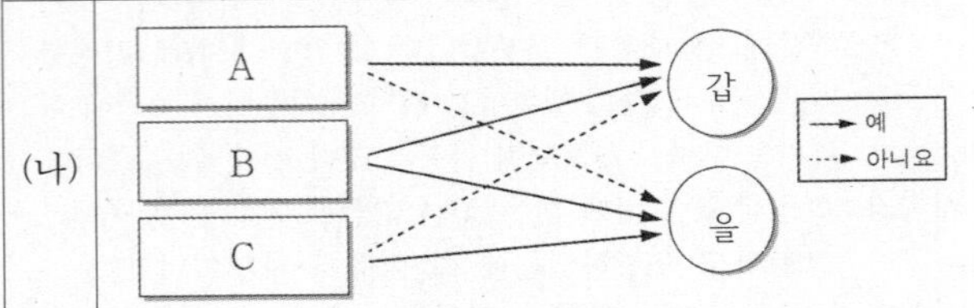

<보 기>
ㄱ. A : 능력에 따른 분배는 불평등한 결과를 초래할 수 있는가?
ㄴ. B : 정의로운 사회에도 사회적 불평등이 존재할 수 있는가?
ㄷ. B : 시장에서의 자유 교환에 의한 분배는 정의로울 수 있는가?
ㄹ. C : 모든 사회적 가치는 실질적 필요를 충족시켜야 하는가?

① ㄱ, ㄴ　　② ㄱ, ㄹ　　③ ㄴ, ㄷ
④ ㄱ, ㄷ, ㄹ　　⑤ ㄴ, ㄷ, ㄹ

7. (가)의 갑, 을 사상가들의 입장을 (나) 그림으로 탐구할 때, A~C에 들어갈 질문으로 가장 적절한 것은?

(가)	갑 : 올바른 윤리는 인류의 역할을 생명 공동체의 평범한 구성원으로 변화시키는 것이다. 인류는 생명 공동체의 동료 구성원들과 공동체 자체를 존중해야 한다. 을 : 목적 지향적 활동이란 성장, 발전, 생존, 번식을 의미한다. 우리는 목적 지향적 활동을 하는 삶의 중심들을 도덕적으로 고려해야 한다.

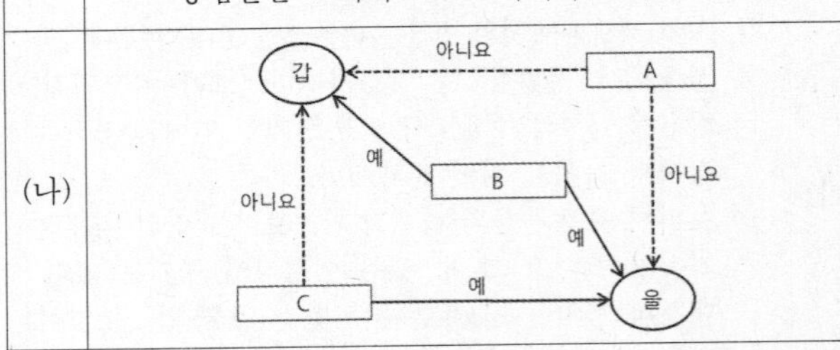

① A : 생명 공동체가 생명적 성질을 가지고 있다고 보아야 하는가?
② B : 인간을 자연이라는 시스템에 통합되어 있는 일부로 봐야 하는가?
③ B : 인간은 다른 생명체에게 끼친 해악을 보상할 의무가 있는가?
④ B : 생태적 안정성 개념이 자연에 대한 도덕 규칙을 제공해 줄 수 있는가?
⑤ C : 윤리는 무생물을 자원으로 사용하거나 변화시키는 것을 허용하는가?

8. (가)를 주장한 사상가의 입장을 (나) 그림에서 찾아 옳은 지점만을 모두 거쳐 간 것은?

(가)	사회 계약에서 본질이 아닌 것을 제거하면 우리는 이 계약이 다음과 같은 말로 요약됨을 알 수 있다. 우리는 각자 자신의 신체와 모든 능력을 공동의 것으로 만들어 일반 의지의 최고 감독하에 둔다. 그리고 우리는 각 성원을 전체와 불가분의 부분으로서 한 몸으로 받아들인다.

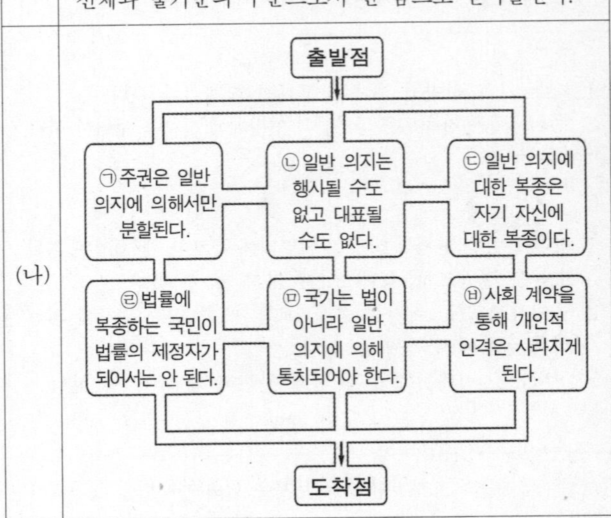

① 출발점 → ㉢ → ㉥ → 도착점
② 출발점 → ㉢ → ㉡ → ㉤ → 도착점
③ 출발점 → ㉡ → ㉠ → ㉣ → 도착점
④ 출발점 → ㉠ → ㉡ → ㉤ → ㉥ → 도착점
⑤ 출발점 → ㉡ → ㉢ → ㉥ → ㉤ → ㉣ → 도착점

Zola

빠른 답 확인

샘플

1	2	3	4	5	6	7	8
③	④	⑤	①	④	③	②	①

1. 지금 점수가 수능의 점수가 아님!

2. 문제와 해설을 같이 보면서 개념 공부한다는 식으로 접근해도 좋을 것입니다.

3. 해설에서 '바나나 선지'라는 것은 항상 참 또는 거짓이거나 혹은 충분히 제시문이나 핵심 지식으로 연상(추론)가능한 선지를 의미합니다. 즉, 여러분이 너무 고민할 필요가 없는 선지를 의미합니다.

4. 출처 보는 법은 아래와 같습니다.

출처 보는 법(예)

1. 평가원
   25-수능-5 = 25학년도(24년 시행)-수능(11월)-5번
   22-6-10 = 22학년도(21년 시행)-6평-10번

2. 교육청
   24-5교-3 = 24학년도(24년 시행)-5월 교육청-3번

3. 수특/수완 = ebs 수능특강/수능완성
   25 수특 = 25년 발행(26학년도 수능 대비)
   ebs 수능 특강

---

5. 해설의 어법(?)은 반말과 높임말, 줄임말, 비속어 등이 혼용됩니다. 해설자가 마음 편하게 그러나 내용은 zola 정성 들여 해설하였습니다. 그래서 오탈자가 의도된 것들도 있습니다. 편하게 보시면 됩니다.

(현강(종로) 수강생들의 예비 테스트에 참여한 학생들의 70% 정도가 1컷 38~42점으로 예상함.)
단, 샘플 난이도가 아니라 졸시모 특강 난이도임.
예사모보다 1컷 기준 3점 정도 더 어려운 문제임.
다만, 시험의 특성상 1컷 점수가 의미는 없음요.

부록모고의 풀버전 해설은 https://atom.ac/
교재페이지에 업로드하여 무료배포할 예정입니다.
변경이 생기면 홈페이지와 오르비 통해서 공지하겠습니다.

---

1. 답 ③

☞ Zola 칸트의 '~에 대한 vs. ~와 관련한', 레건의 '삶의 주체'에 대해 연습시키기 위한 문제임.

갑은 칸트, 을은 레건임. 갑 제시문이 칸트인지 모르시는 분들은 기출 정신 차리고 다시 보시길 바람. 그대로 모르면 아래 강의 참고할 것.
자세한 설명을 해설 참고할 것. 참고로 이 문제를 만들기 위해 활용한 기출 목록은 아래와 같음.
〔19-6-9〕
〔21-6-15〕
〔25-6-9〕
〔18-6-15〕

2. 답 ④

☞ Zola 칸트의 영구 평화론의 학습 정도를 확인하기 위한 문제임. 지금까지의 지식에서 조금 '더' 관련 내용을 알아야 풀 수 있다는 점에서 학습 정도를 확인하기에는 나름 괜찮한 문제임!

어떤 사상가의 책의 일부를 보여주고 설명으로 묻는 형식의 기출 문제 혹은 수특/수완 문제들이 있다.
<u>인터넷 해설 자료 참고할 것. 수능 수준이 될 수 있다.</u>

3. 답 ⑤

☞ Zola 을 사상가가 누군지 모른다고 해서 이 문제를 틀렸다는 핑계를 대지 말길 바란다!!!! 이 문제는 〔16-6-5〕와 〔22-9-10〕을 종합·변형한 문제로 보면 될 것 같음. 특히 선지 ②와 ④는 두 기출에서 그대로 활용하였다. 선지 ⑤는 기출 제시문임. 틀려도 좋은데 기출은 확실하게 해 놓자!

갑: 마르크스, 을: 니부어, 병: 롤스
자세한 설명을 인터넷 공개 해설 자료 참고할 것.

〔참고〕 다음 문제 꼭 풀어보세요.
〔21-10교-4〕
〔22-9-10〕

4. 답 ①

☞ Zola 21 수능에 최초로 '선지'에 칸트의 '~와 관련한 의무'와 '~에 대한 의무'가 출제됨. 그 동안은 외우라고 강요하지 않았는데 이제는 외워야 할 때가 되었기 때문에 출제하였음. 마침 교육청 중에 오류가 있어서 그걸 소재로 삼았음. 교육청 문제가 오류인지 아닌지는 님들이 아래 첨부되는 Zola의 해설과 칸트 원전(기출 제시문들)을 참고하여 판단하길 바람.

사상가들 중에 '표현법'에 뇌피셜이 강한 사상들이 몇 있다. 이들 사상가들은 그들의 표현법 자체를 외워야 한다. 칸트도 그 중의 하나이다. 문제는 칸트 이 쓰벌놈은 표현법이 명사에 있지 않고 조사(?)에 있어서 까다롭다는 것이다. 님들은 의무'에 맞는'과 의무'이기 때문에(에서 비롯된)'를 구분할 수 있어야 한다.
마찬가지로 '~와 관련한'이라는 것과 '~에 대한'이라는 표현을 구분할 수 있어야 한다. 참고로 간단한 팁을 드리자면 '~에 대한'은 '~을 위한'으로 바꾸면 이해하기 편하다.

〔출제근거 모음〕
(1) 원전
• 인간은 동물을 죽여야 할 경우 가능한 빨리(고통이 없이) 죽여야 하며 동물에게 일을 시킬 경우 그 동물의 능력을 넘어서는 일을 억지로 하도록 강제하지 말아야 한다. 그러한 동물들과 관련된 인간의 의무는 간접적인 의무에 속한다. 직접적인 의무는 항상 오직 인간 자신에 대한 우리의 의무이다.
• 순전한 이성에 이해 판단하면 인간은 통상 순전한 인간에 대한 의무 외에 다른 의무는 갖지 않는다.

(2) 기출 제시문 ('의무', '직접적 의무', '간접적 의무'가 사용된 제시문)
• 〔22-9-15〕 갑: 동물을 잔학하게 다루는 것은 인간 자신에 대한 의무에 어긋난다. 왜냐하면 타인과의 관계에서 도덕성에 도움이 되는 자연적 소질을 약화시키기 때문이다.
• 〔22-6-10〕 갑: 인간은 통상 인간에 대한 의무 외에 다른 의무는 갖지 않는다. 늙은 말이 수행한 봉사에 대한 감사마저도 직접적으로 볼 때는 인간 자신에 대한 의무이다.
• 〔21-6-15〕 병: 도덕적 의무를 질 수 있는 인간에 대한 의무 외에 다른 존재에 대한 의무는 없다. 물론 동물이 수행한 봉사에 대한 감사는 간접적으로 인간의 의무에 속한다.
• 〔20-6-6〕 갑: 우리는 인간에 대해서만 직접적인 의무를 지니며, 다른 존재들에 대해서는 그러한 의무를 지니지 않는다. 인간만이 실천 이성을 지닌 자율적 존재이기 때문이다.
• 〔19-수능-9〕 갑: 자연 안에 생명이 없는 아름다운 대상들에 대한 파괴를 일삼는 것은 도덕성을 크게 촉진하는 감정을 약화시켜 자기 자신에 대한 인간의 의무와 대립한다.
• 〔19-9-12〕 갑: 늙은 말이나 개와 같이 오랫동안 봉사한 동물들에게 감사의 정(情)을 표현하는 것은 직접적으로는 언제나 인간의 자기 자신에 대한 의무일 따름이다.

• 〔16-수능-15〕 갑: 동물을 학대하는 행위는 동물의 고통에 대한 공감을 둔화시키고 도덕성에 매우 이로운 자연적 소질을 약화시킨다. 따라서 그러한 행위는 인간의 자기 자신에 대한 의무에 어긋난다.
• 〔15-9-7〕 을: 이성이 없지만 생명이 있는 동물들을 잔학하게 다루는 것은 인간의 자기 자신에 대한 의무에 어긋난다. 그리고 자연 중에 생명이 없지만 아름다운 것을 파괴하려는 성향도 인간의 자기 자신에 대한 의무에 어긋난다.
• 〔14-수능-11〕 갑: 동물을 잔인하게 다루는 것은 인간의 자기 자신에 대한 의무와 배치된다. 왜냐하면 이는 인간의 도덕성을 실현하는 데 방해가 되기 때문이다.
• 〔14-6-16〕 갑: 인간은 자연을 고려해야 하는 간접적 의무를 갖는다. 인간이 자연을 파괴하는 행위는 인간의 동정심에 좋지 않은 영향을 미치기 때문이다.

(3) 기출 선지
• 〔19-6-9〕 ㄹ. D: 동물 학대가 인간의 의무에 위배될 수 있음을 인정해야 한다. → 칸트 OOO
• 〔15-수능-14〕 ㄷ. C: 인간은 인간 자신에 대해서만 직접적인 의무를 지닌다. → 칸트 OOO
• 〔15-9-7〕 ② 을은 식물을 보존하는 것이 간접적인 의무로 성립 가능하다고 본다. → 칸트 OOO
• 〔14-수능-11〕 ㄱ. A: 동물 학대 금지는 간접적으로만 인간의 의무에 속한다. → 칸트 OOO
• 〔14-6-16〕 ① 갑은 인간을 위해 생태계를 고려할 의무가 있다고 본다. → 칸트 OOO

5. 답 ④

☞ Zola 내용적으로는 윤사와 유사하기 때문에 윤사 선택자가 조금 더 유리할 수 있을 것이다. 하지만 정답에 해당하는 선지 ③은 생윤 선택자들도 충분히 알 수 있는 내용이다. 칸트의 윤리가 '형식주의'라는 것은 교과서의 기본 내용인 동시에 ebs 수특에도 언급된 내용이다. 구체적인 '근거'는 선지 해설을 참고할 것.

갑은 밀, 을은 벤담, 병은 칸트이다. 사상가를 파악할 수 있는 출제 의도는 아래와 같다.
밀의 경우에는 '배부른 돼지보다 배고픈 소크라테스'라는 문장 정도를 알아 두어야 한다(질적 공리주의를 나타내는 대표적인 문장임).
벤담의 경우에는 쾌락의 7가지 계산법을 근거로 판단할 수 있다.
칸트의 경우에는 인간(유한한 이성적 존재자)에게 도덕 법칙은 의무의 법칙이라는 부분이 핵심이 될 것이다.

아래 제시문이랑 내용 확인. 자세한 것은 해설 참고

- 〔윤사 기출 제시문〕도덕의 원리와 행복의 원리를 구별하는 것이 양자의 대립을 의미하는 것은 아니다. 순수한 실천 이성이 바라는 것은 오직 의무가 문제일 때에 행복을 전혀 고려하지 말아야 한다는 것이다. 물론 '의무에 맞는' 행위라고 해서 모두 도덕적인 행위는 아니다. '의무이기 때문에' 한 행위만이 참된 도덕적 가치를 갖는다.
- 〔20-9-2-제시문〕의무에 맞는 것이기는 하지만 의무로부터 나온 것이 아닌 행위는 도덕적 가치를 가지지 못한다. 행위는 그 자체로 선한 의지에서 비롯된 경우에만 도덕적 가치를 지닐 수 있다.
- 〔칸트〕도덕의 원리와 행복의 원리를 구별하는 것이 양자의 대립을 의미하는 것은 아니다. 순수한 실천 이성이 바라는 것은 오직 의무가 문제일 때에 행복을 전혀 고려하지 말아야 한다는 것이다. 물론 '의무에 맞는' 행위라고 해서 모두 도덕적인 행위는 아니다. '의무이기 때문에' 한 행위만이 참된 도덕적 가치를 갖는다.

'공동체 자체를 존중'한다는 부분을 통해 알 수 있음. 이 표현은 수능 기출에도 여러 번 출제가 되었음.
- 〔24-9-10〕
자연 자체의 선은 개체의 희생을 정당화하는 근거가 아니다. → 개체론
- 〔19-수능-9〕
유기체적 생명 공동체 자체의 도덕적 지위를 존중해야 한다. → 전체론
- 〔19-9-12〕
생태계 그 자체의 도덕적 지위를 인정할 필요는 없다. → 개체론
- 〔19-6-9〕
대지 공동체 자체가 지닌 도덕적 지위를 인정해야 한다. → 전체론
- 〔18-9-9〕
생명 공동체 자체가 지닌 고유의 선을 고려해야 한다. → 전체론

을이 테일러인 것은 너무 쉽게 알 수 있을 것임. '목적론적 삶의 중심'!!!!!!
제시한 것은 인터넷 공개 해설 참고하세용~

6. 답 ③

☞ Zola (1) 왈처에 대한 문제이기도 하지만 바나나 연습용 문제임. 사회 문화에서 활용된 자료를 이용하였음. (2) 일반적으로 왈처가 누군가가 비교된다면 그것은 노직이 아니라 롤스일 가능성이 높음. 님들의 약점을 보충하기 위한 문제를 만들다 보니 노직과 왈처를 엮은 것임. (3) 롤스-노직-왈처 3자 비교나 비판형 출제 가능성 높으니 님들이 가지고 있는 기출 문제집 꼭 확인할 것. 님들의 기출 문제집이 무엇이든지 간에 3자를 다룬 기출 문제는 실려 있음.

갑: 노직, 을: 왈처

참고한 윤사 문제임. 쌍윤러는 참고할 것.
〔17-9-19〕/〔18-수능-19〕

7. 답 ②

☞ Zola (1) 새로운 자료 유형을 시도해 보았음. But(벗뜨) 자료 자체가 어렵지는 않을 것임. (2) 테일러와 레오폴드 비교 문제가 나름 난이도가 높게 나와서(평가원 결과를 보면) 만들었는데 만들고 보니 괜춘한 문제가 된 듯함.

갑은 레오폴드(생태 중심주의, 전일론), 을은 테일러(생명 중심주의, 개체론)
갑이 전체론(전일론) 즉 생태 중심주의라는 것은 제시문의

8. 답 ①

☞ Zola
(1) 문제의 원형: 님들은 처음보는 유형이지만 윤사에서 사용되었고 이전 수완 생윤에서도 활용된 자료형태임. 09-9평-2번에서 사용된 자료임. 참고로 이때 1컷이 전설의 29점임. 정답률 40% 이하 문제가 10문제였음. ㅋㅋ....학생들이 아니라 강사들이 울었음. 우리 어떻게 가르쳐야 하면서....ㅜㅜ....
(2) 루소 연습용임. 실력 향상에 도움될 것임. 자세한 것은 인터넷 해설 자료 참고하면 됨.

제시문의 사상가는 루소임.

인터넷 해설 자료 다운받아 보세요. 후회하지 않으실 겁니다.

제4교시

사회탐구 영역(생활과 윤리)

성명 □□□□ 수험 번호 □□□□ — □□□□ 제( )선택

---

1. (가), (나) 윤리학의 핵심 과제로 가장 적절한 것은?

> (가) 윤리학은 도덕적 사회 현상을 사실 과학으로 연구하거나, 그러한 도덕 현상을 심리적 사실로서 연구해야 한다.
> (나) 윤리학은 우리가 마땅히 어떻게 행동해야 하는지, 무엇을 추구해야 하는지에 관한 보편적인 원리를 제시해야 한다.

① (가): 도덕적 신념이 아닌 관습을 정확하게 기술하는 것이다.
② (가): 시대에 따른 도덕적 신념들의 변화를 탐구하는 것이다.
③ (나): 사회의 구성원들이 공유하는 가치관을 조사하는 것이다.
④ (나): 사회 구성원 다수가 지지하는 규범을 이론적으로 정당화해야 하는 것이다.
⑤ (가)와 (나): 여러 문화권에 공통적으로 적용되는 도덕 규범을 확립하는 것이다.

2. 갑, 을 사상가들의 입장으로 옳지 _않은_ 것은? [3점]

> 갑: 성인(聖人)은 자신이 서고자 하면 남이 서게 해 주며, 자신이 이루고자 하면 남이 이루게 해준다. 가까이 자기에게서 취하여 비춰 보아 남을 헤아리는 것이 성인이 되는 방법이다.
> 을: 사람들에게는 일정한 본성이 있다. 베짜서 옷 해 입고, 밭 갈아 밥을 먹으니, 이것을 두고 본성이 같다고 한다. 또 하나는 모든 사람이 한결 같아서 편을 가르지 않으니, 이것은 자연으로부터 부여받은 자유이다.

① 갑: 인간의 도덕 규범의 근거를 하늘[天]에서 찾을 수 있다.
② 갑: 죽음의 공포를 극복하기 위해 인(仁)을 실천해야 한다.
③ 을: 옳음과 그름의 구분은 인간 중심적 관점에서 기인한다.
④ 을: 인간은 자연을 거스르고자 하는 욕구를 가지고 있다.
⑤ 갑과 을: 덕(德)을 따라야 이상적인 삶을 구현할 수 있다.

3. 다음을 주장한 사상가의 입장으로 가장 적절한 것은?

> 종교적 인간은 두 종류의 시간 속에 살고 있다. 한편에는 대부분 주기적인 것이기는 하지만 성스러운 시간, 축제의 시간의 기간이 있고 다른 한편에는 속(俗)된 시간, 즉 종교적인 의미가 없는 행위가 자리 잡고 있는 일상적인 시간 지속이 있다. 종교적으로 축제에 참여하는 것은 일상적인 시간 지속에서 탈출하여 그 축제에서 재현하는 신화적인 시간으로 되돌아가는 것이다.

① 성스러운 시간은 회복과 반복이 불가능하기 때문에 소중하다.
② 종교적 인간에게는 시간이 균질적이면서 연속적인 현상이다.
③ 성스러운 시간과 속된 시간 사이에는 본질적인 차이가 있다.
④ 성스러운 것의 정의(定義)는 속된 것과 대조를 이루지 않는다.
⑤ 성스러움이 드러난 자연물은 자연물 그 자체가 신과 동일한 것이다.

4. (가)의 사상가 갑, 을의 입장에서 서로에게 제기할 수 있는 비판을 (나) 그림으로 표현할 때, A, B에 해당하는 내용으로 가장 적절한 것은? [3점]

<table>
<tr><td>(가)</td><td>갑: 행위가 그 자체로 선하다고 생각되면, 그러니까 행위가 그 자체로 이성에 따르는 의지에 필연적인 것으로, 즉 이 의지의 원리로 생각되면, 그 명령은 정언적이다.
을: 서로 다른 두 가지의 쾌락을 모두 경험한 사람들이 선택한 쾌락이 보다 바람직한 쾌락이다. 배부른 돼지보다 배고픈 사람이 되는 것은 공리의 원리에 어긋나지 않는다.</td></tr>
<tr><td>(나)</td><td>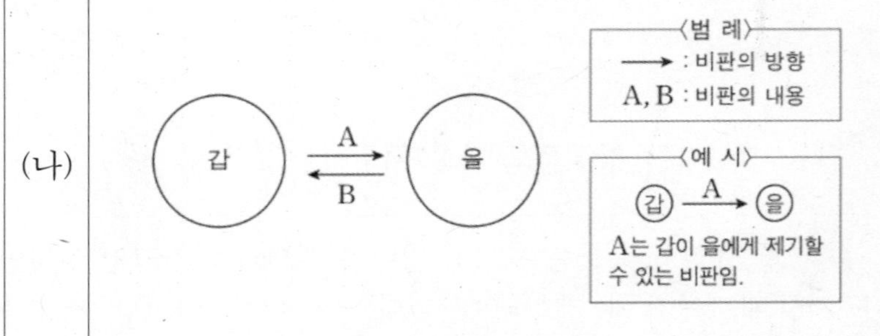</td></tr>
</table>

① A: 자율은 행동 그 자체가 목적이 되는 것임을 간과한다.
② A: 선의지에서 비롯된 행위만이 칭찬받을 수 있음을 간과한다.
③ A: 도덕 판단을 할 때 만족과 행복을 구분해야 함을 간과한다.
④ B: 가언 명령은 이성을 도구로 활용하는 것임을 간과한다.
⑤ B: 인간도 동물처럼 자연적 성향을 가지고 있음을 간과한다.

5. 갑, 을, 병 사상가들의 입장으로 가장 적절한 것은?

> 갑: 미는 선의 상징이다. 이 점에 있어서 아름다움은 만족을 주며, 다른 모든 사람에게 동의를 요구하는 것이다. 미적 즐거움은 인간에게 고유한 것이며, 감성적인 것으로부터 순수 이성적인 것으로 나아가는 계기를 마련한다.
> 을: 예술은 진리를 모방해야 한다. 사물을 있는 그대로 모방하는 예술은 진리에서 한참 떨어져 있는 것이다. 아름답고 우아한 것을 알아낼 수 있는 재능을 타고난 사람들이 신을 찬양하거나 훌륭한 인물들만을 노래하게 해야 한다.
> 병: 모방은 인간에게 자연스러운 일이어서 어릴 적부터 이러한 경향을 나타낸다. 인간은 모방에 의한 재현에 쾌감을 느낀다. 동물의 시신처럼 실물은 보기에 괴로운 것도 매우 정확하게 그려진 그림으로 보면 우리는 쾌감을 느낀다.

① 갑: 도덕뿐만 아니라 예술도 이기적인 욕구에서 벗어나 있다.
② 을: 예술은 감각에 의해 파악되는 미의 원형을 모방해야 한다.
③ 병: 고상한 대상을 모방하는 것은 감상자에게 쾌감을 주지 못한다.
④ 갑과 을: 예술은 미적 가치가 아닌 도덕적 가치를 다룬다.
⑤ 을과 병: 사물을 있는 그대로 묘사하는 예술은 금지되어야 한다.

6. 다음을 주장한 사상가의 입장으로 적절한 것만을 <보기>에서 고른 것은? [3점]

> 다수의 사람들이 결합하여 스스로 일체를 형성하고 있다고 생각하는 한 그들은 단 하나의 일반 의지만을 갖는다. 일반 의지는 언제나 공명정대하고 항상 공익의 경향이 있다. 일반 의지가 옳게 표명되기 위해서는 국가 내에 당파가 없어야 한다. 시민 각자가 오직 자신의 의견에 따라 개진하는 것이 중요하다.

<보 기>
ㄱ. 사회 계약 이전에는 경제적 불평등이 존재하지 않는다.
ㄴ. 일반 의지는 전체에서 비롯되어 전체에 적용되어야 한다.
ㄷ. 사회 계약을 통해 인간은 어떠한 자유도 상실하지 않는다.
ㄹ. 주권자는 집합적 존재여서 그 자신에 의해서 대표될 수 있다.

① ㄱ, ㄴ　② ㄱ, ㄷ　③ ㄴ, ㄷ　④ ㄴ, ㄹ　⑤ ㄷ, ㄹ

7. 다음 사상가의 입장으로 가장 적절한 것은?

> 전통 윤리학의 모든 도덕적 명령은 행위의 직접적인 영역인 '지금'과 '여기'에 제한되어 있다. 더 이상 이러한 명령은 적합하지 않다. 인간 행위의 새로운 유형에 적합한 명법은 대충 다음과 같다. '너의 행위의 효과가 지상에서의 진정한 인간적 삶의 지속과 조화될 수 있도록 행위하라.' 부정적 형태로 표현하면 다음과 같다. '너의 행위의 효과가 인간 생명의 미래의 가능성에 대해 파괴적이지 않도록 행위하라.'

① 인간은 자신이 원하지 않는 것보다 원하는 것을 더 잘 안다.
② 어떤 행위를 못하게 막는 공포가 책임 윤리의 본질적 속성이다.
③ 전통적 윤리는 인간이 책임져야 한다는 도덕적 명령을 부정한다.
④ 기술적 힘의 발전으로 인해 인간 행위의 본질이 변화했다.
⑤ 인간만이 오로지 책임질 수 있다는 것은 인간의 특성이 아니다.

8. 갑, 을 사상가들의 입장으로 적절한 것만을 <보기>에서 고른 것은?

> 갑 : 임금과 재상과 신하들과 여러 관리들은 각각 자신의 직분으로 맡은 일들을 힘써야 한다. 성왕이 제정한 예의를 따를 때 나라가 손상되지 않는다.
> 을 : 통치자들이 자기 땅과 집 그리고 돈을 갖게 된다면, 그들은 다른 시민들의 협력자 대신 적대적인 주인이 될 것이다. 그리하여 어느새 파멸의 문턱을 향해 나아가게 된다.

<보 기>
ㄱ. 갑 : 덕에 따른 정치가 이루어지면 빈부의 격차는 없어진다.
ㄴ. 을 : 통치자들은 절제와 용기가 아닌 지혜를 발휘해야 한다.
ㄷ. 을 : 구성원의 사회적 지위 배정에 국가의 관여가 필요하다.
ㄹ. 갑과 을 : 이상적인 통치자는 절제의 덕을 갖추어야 한다.

① ㄱ, ㄴ　② ㄱ, ㄷ　③ ㄴ, ㄷ　④ ㄴ, ㄹ　⑤ ㄷ, ㄹ

9. 다음을 주장한 사상가의 입장으로 가장 적절한 것은? [3점]

> 체제를 파멸로 이끌지 않기 위해서 시민 불복종에 가담할 수 있는 범위에는 한계가 있다. 또한 이러한 형태의 항의를 처리할 공의회의 능력에도 상한선이 있어서 시민 불복종을 하는 집단들이 하고자 하는 호소가 왜곡될 수도 있다. 이러한 이유로 인해 항거의 형태로서의 시민 불복종의 효율성은 어느 지점을 넘어서게 되면 감소하게 되며 그것을 기도하는 사람들은 이러한 제약들을 고려해야만 한다.

① 정의를 위한 시민 불복종은 그것이 필요한 것임을 확신해야 한다.
② 다수의 정의감에 호소하지 않는 양심적 행위는 존재하지 않는다.
③ 다수의 정의감에 호소하는 청원은 시민 불복종이 아니다.
④ 불복종의 정당화 여부는 법과 제도의 부정의한 정도에 영향을 받지 않는다.
⑤ 종교적 교설이 시민 불복종을 지지한다면 시민 불복종은 종교적 교설에 의거해서 정당화된다.

10. (가)의 갑, 을, 병 사상가들의 입장을 (나) 그림으로 표현할 때, A ~ D에 해당하는 적절한 진술만을 <보기>에서 있는 대로 고른 것은? [3점]

(가)

> 갑 : 인간과 지구상에 존재하는 모든 생명체의 풍부함과 다양성은 그 자체로 본래적 가치를 지닌다. 현재 자연계에 대한 인간의 간섭은 과도하며, 상황은 급속히 악화되고 있다.
> 을 : 어떤 존재가 이성을 갖고 있지 않다면 그것은 수단으로서의 상대적 가치밖에 지니지 않는다. 직접적인 의무는 항상 오직 인간 자신에 대한 우리의 의무이다.
> 병 : 인간의 부차적인 이해관계이지만 문명 사회에 고유한 가치를 지는 것으로 평가해온 것들과 동식물의 기본적 이해관계가 충돌할 경우 열린 자세로 동식물의 피해를 최소화해야 한다.

(나)

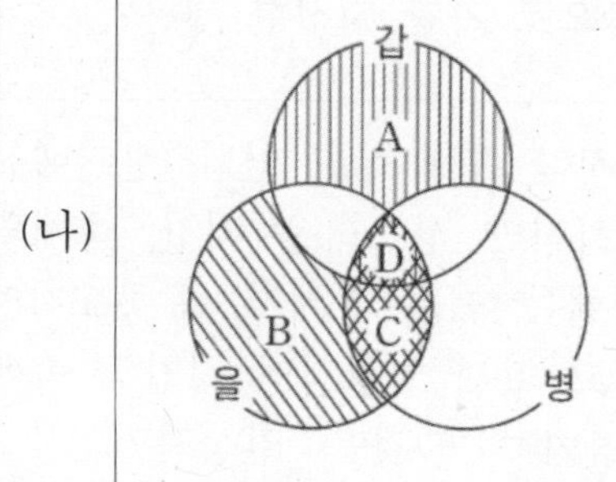

<보 기>
ㄱ. A : 생명의 풍부함을 축소하는 행위는 모두 정당화되지 못한다.
ㄴ. B : 인간 아닌 존재와 관련한 의무는 인간에 대한 의무가 아니다.
ㄷ. C : 어떤 존재가 생명을 지녀야만 도덕적 지위를 지닐 수 있다.
ㄹ. D : 규범적 원리에 따라 쾌고 감각을 지닌 동물을 대해야 한다.

① ㄱ, ㄴ　　　② ㄱ, ㄷ　　　③ ㄷ, ㄹ
④ ㄱ, ㄴ, ㄹ　　　⑤ ㄴ, ㄷ, ㄹ

11. (가)의 입장에서 (나)의 입장에 대해 제기할 수 있는 비판으로 가장 적절한 것은?

> (가) 인간 배아는 잠재적 인간으로 특수한 지위를 지니므로 점차적으로 도덕적 지위를 얻게 된다. 자궁에 착상된 이전의 배아와 달리 이후의 인간 배아는 성인과 동등한 존재이므로 어떠한 종류의 실험도 허용해서는 안 된다.
>
> (나) 인간 배아는 잠재적 인간이 아니라 단순한 세포에 불과하다. 따라서 배아는 언제든지 과학적 실험의 대상이 될 수 있다. 배아를 대상으로 하는 실험 과정에서 배아에 가해지는 행위를 윤리적으로 제한할 필요는 없다.

① 배아를 시기에 따라 구분하여 대우해야 함을 간과하고 있다.
② 배아를 대상으로 하는 모든 실험이 부도덕함을 간과하고 있다.
③ 배아는 처음부터 온전한 인간으로 대우해야 함을 간과하고 있다.
④ 배아는 모두 과학적 실험의 대상이 될 수 없음을 간과하고 있다.
⑤ 자궁에 착상된 배아는 제한적으로 실험해야 함을 간과하고 있다.

12. 갑, 을, 병 사상가들의 입장에 대한 설명으로 가장 적절한 것은?

> 갑 : 색(色)·수(受)·상(想)·행(行)·식(識)의 오온에 대해서 알지 못하고, 탐욕을 떠나지 못하면 생로병사에 대한 두려움을 초월할 수 없다.
>
> 을 : 현자는 삶의 부재를 어떤 악이라고 여기지 않는다. 죽음에 대한 사실을 제대로 알면 삶을 제대로 즐길 수 있다.
>
> 병 : 하늘이 정해준 때를 마음 편히 여기고 운명에 순응하면 슬픔과 즐거움이 끼어들 수 없게 된다.

① 갑은 인간의 구성 요소는 실체이므로 무상(無常)하다고 본다.
② 을은 인간의 영혼은 비물질적인 원자로 구성되어 있다고 본다.
③ 을과 병은 자연의 이치를 알면 죽음을 두려워하지 않는다고 본다.
④ 병은 의도적 행위가 삶과 죽음의 순환에 영향을 준다고 본다.
⑤ 갑, 을, 병 모두 삶과 죽음을 분별하지 않는 것이 바람직하다고 본다.

13. 다음 사상가의 입장으로 가장 적절한 것은?

> 어떤 준칙이 일반 법칙이 되기를 바란다면 다른 사람들에게 이 준칙의 타당성을 규정적으로 명령하거나 강제하지 말아야 한다. 대신 나의 준칙이 보편화 가능한지 논의하여 검토할 수 있도록 다른 사람에게 제시해야 한다. 개인이 모순 없이 일반 법칙으로 원할 수 있는 것부터 모든 사람이 일치하여 보편적 규범으로 승인하기를 원하는 것으로 무게 중심을 이행한다.

① 공적 담론에서는 개인적인 입장 표명은 금지되어야 한다.
② 상호 주관적 합의로는 사람들 간의 갈등이 해결될 수 없다.
③ 의사소통 과정에서 진리성과 진실성을 구별해서는 안 된다.
④ 이상적 담화의 참여자가 되기 위한 자격은 존재하지 않는다.
⑤ 담론 참여자 모두가 수용할 수 있는 타당한 규범이 존재한다.

14. 다음을 주장한 사상가의 입장으로 적절한 것만을 <보기>에서 있는 대로 고른 것은? [3점]

> 분배에 있어서의 정의의 소유 권리론은 역사적이다. 분배가 정의로운가는 이 분배가 어떻게 이루어졌는가에 달려 있다. 분배적 정의에 관한 정형적 원리들을 주장하는 사람들은, 누가 소유물을 받아야할 것인가를 결정하기 위한 기준에 초점을 맞춘다. 이들은 주는 행위를 완전히 무시한다. 필요성이나 사회적 유용성 등에 따라 분배라고 요구하는 분배 원리들은 주는 행위를 완전히 무시하는 받는 사람 중심의 정의의 이론이다. 주는 사람과 그리고 그들의 권리를 무시하는 것은 옳지 못하다.

───── <보 기> ─────

> ㄱ. 분배 정의를 실현시킬 수 있는 충분조건은 존재하지 않는다.
> ㄴ. 비역사적 원리가 아니어도 주는 사람의 권리를 무시할 수 있다.
> ㄷ. 각 개인의 소유물이 정당하다고 해서 소유물의 전체 집합이 정당한 것은 아니다.

① ㄱ   ② ㄴ   ③ ㄱ, ㄷ   ④ ㄴ, ㄷ   ⑤ ㄱ, ㄴ, ㄷ

15. (가)의 갑, 을 사상가들의 입장을 (나) 그림으로 탐구하고자 할 때, A~C에 들어갈 질문으로 가장 적절한 것은? [3점]

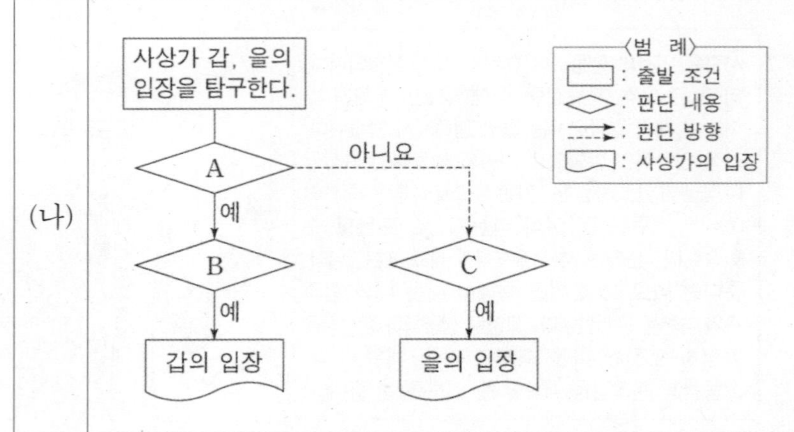

① A: 교육 제도를 개선하기 위한 원조가 정당화될 수 있는가?
② B: 원조 능력이 있는 주체는 원조에 동등한 부담을 져야 하는가?
③ B: 절대 빈곤과 그에 따른 문맹은 나쁜 것으로 가정되는가?
④ C: 공유된 정의감으로 규제되는 사회만이 원조의 대상인가?
⑤ C: 비자유적 만민이 원조의 주체가 될 수 있는 경우는 없는가?

16. 갑, 을 사상가들의 입장으로 가장 적절한 것은? [3점]

> 갑 : 사회계약은 계약자의 생명 보존을 목적으로 한다. 목적을
> 원하는 사람은 그 수단도 요구한다. 우리가 살인자가
> 되었을 때 달게 사형을 받겠다고 동의하는 것은 우리
> 자신이 살인자의 희생물이 되지 않기 위해서이다.
> 을 : 사회 계약 안에는 형벌을 받을 수 있고, 그래서 자기 자신과
> 자기 생명을 처분한다는 약속이 포함되어 있지 않다.
> 형벌받기를 의욕하는 범인의 약속은 형벌을 가하는 권한의
> 기초가 아니다.

① 갑 : 살인범에 대한 사형은 주권자가 실행할 수 있는 권리이다.
② 갑 : 생명을 보존하기 위해 다소의 위험한 수단이 허용된다.
③ 을 : 범죄자에게 고통을 부과하는 형벌은 그 자체로는 옳지 않다.
④ 을 : 사형은 삶과 죽음이 같은 종류의 것임을 보여주는 형벌이다.
⑤ 갑과 을 : 사형을 대체할 수 있는 정의로운 형벌이 존재한다.

17. 갑, 을 사상가들의 입장으로 가장 적절한 것은?

> 갑 : 직접적 폭력과 구조적 폭력의 이면에는 문화적 폭력이
> 존재한다. 이는 모두 상징적인 것으로 종교와 사상, 언어와
> 예술, 교육의 내부에 존재하는 것이다. 이러한 문화적
> 폭력은 다른 폭력을 은폐하고 정당화한다.
> 을 : 모든 정치가들은 국가 이익이라고 정의될 수 있는 권력을
> 극대화하기 위해 투쟁한다. 이런 철칙은 국가들의 관계에
> 적용된다. 모든 국가는 국력을 확장하기 위해 노력하며,
> 약소국들은 강대국과 동맹을 통해 생존을 보장받으려 한다.

① 갑 : 폭력은 인간의 기본적 필요 충족을 침해하는 행위이다.
② 갑 : 정치적 억압이나 경제적 착취는 직접적 폭력에 해당한다.
③ 을 : 경쟁국가의 행동의 경향성을 예측하는 것은 불가능하다.
④ 을 : 국내 정치와 국제 정치 모두 법을 통한 지배는 효과가 없다.
⑤ 갑과 을 : 국가들이 군대를 보유하는 것은 평화와 양립할 수 없다.

18. 그림의 강연자가 지지할 입장으로 가장 적절한 것은?

① 능동적이면서 성숙한 사랑에서는 모순이 성립하지 않는다.
② 책임은 자발적인 것이 아니라 외부로부터 부과되는 것이다.
③ 사랑을 준다는 것은 받는다는 전제하에서 이루어져야 한다.
④ 개성을 유지하는 상태에서 상대방과의 일체감을 형성할 수 있다.
⑤ 존경은 사랑하는 사람을 있는 그대로 보면서 경외하는 것이다.

19. [대용용]. 다음을 주장한 사상가의 입장으로 적절한 것만을
<보기>에서 있는 대로 고른 것은? [3점]

> 범죄와 형벌 간의 비례관계를 유지하면서, 인간의 정신에 가장
> 효과적이고 지속적인 인상을 만들어내는 동시에, 수형자의
> 신체에는 가장 적은 고통을 주는 것이어야 한다. 인간의 행동을
> 규제하는 것은 자신이 알지 못하는 고통에 의해서가 아니라,
> 그가 알고 있는 고통을 반복 체험함을 통해서이다.

> ──────〈보 기〉──────
> ㄱ. 형벌은 범죄로 이끄는 유혹에 비례하여 설정되어야 한다.
> ㄴ. 국민들이 법률을 두려워하지 말고 존중하는 것이 바람직하다.
> ㄷ. 법은 각 사람의 개인적 자유 중 최소한의 몫을 모은 것이다.

① ㄱ　　② ㄴ　　③ ㄱ, ㄷ　　④ ㄴ, ㄷ　　⑤ ㄱ, ㄴ, ㄷ

20. [대체용]. 그림은 어느 책의 일부를 발췌한 것이다. 이에 대한
저자의 입장만을 <보기>에서 고른 것은? [3점]

> ㉠ 제 1장 ○○조항
> 1. 장래에 있을 전쟁의 씨앗을 비밀리에 유보한 채 체결된
> 평화 조약은 결단코 평화 조약이라고 할 수 없다.
> 2. 독립하고 있는 국가는 승계, 교환, 매수 또는 증여에 의해
> 다른 국가에 취득될 수 없다.
>
> …중략…
>
> 제 2장 □□조항
> 1. 각 국가의 시민적 체제는 공화적 체제여야 한다.
> 2. ㉡국제법은 자유로운 국가들의 연방제에 기초를 두어야 한다.
>
> …중략…

> ──────〈보 기〉──────
> ㄱ. ㉠은 국가 간의 영구 평화를 실현하기 위한 전제조건이다.
> ㄴ. ㉠의 모든 조항들은 즉각 시행되어야할 엄격한 조항들이다.
> ㄷ. ㉡은 독립 국가의 자국 방어를 위해 전쟁을 일으킬 권리를
> 인정한다.
> ㄹ. 평화 연맹은 주권 국가들의 자유를 보장하는 것에 관여한다.

① ㄱ, ㄴ　　② ㄱ, ㄹ　　③ ㄴ, ㄷ　　④ ㄴ, ㄹ　　⑤ ㄷ, ㄹ

> * 확인 사항
> ◦ 답안지의 해당란에 필요한 내용을 정확히 기입(표기)했는지 확인
> 하시오.

제4교시

사회탐구 영역(생활과 윤리)

성명 [　　　　]　수험 번호 [　　　]−[　　　]　제〔　〕선택

---

1. (가), (나), (다) 윤리학에 대한 설명으로 가장 적절한 것은?

윤리학	윤리학의 사례
(가) 윤리학	‘인간 배아 세포를 이용한 실험이 인간 존엄성을 훼손하는가?’에 대한 설문 조사에서 생명 공학 전문가 집단의 70%가 ‘그렇다’라고 답했다.
(나) 윤리학	인간 배아 세포를 이용한 실험은 인간 존엄성을 훼손하기 때문에 허용해서는 안 된다.
(다) 윤리학	인간 배아 세포를 이용한 실험과 관련하여 사용되는 ‘인간’의 의미는 무엇인가?

① (가)는 도덕 판단의 논리적 규칙 검증을 핵심 과제로 한다.
② (나)는 도덕 판단에 필요한 규범을 언어적으로 분석하고자 한다.
③ (다)는 사람들의 인식의 변화를 있는 그대로 기술하려고 한다.
④ (가)는 (나)와 달리 윤리적 쟁점의 구체적 해법 제시를 중시한다.
⑤ (나)는 도덕 판단을 위해서 (다)의 연구 결과를 활용할 수 있다.

2. 갑은 부정, 을은 긍정의 대답을 할 질문으로 가장 적절한 것은? [3점]

> 갑 : 자연은 인류를 고통과 쾌락이라는 두 주권자의 지배하에 두었다. 그것들은 우리의 모든 행동과 우리의 모든 말, 그리고 우리의 모든 생각을 지배한다.
> 을 : 이성적 존재만이 원리에 따라 행위를 하는 능력이나 의지가 있다. 법칙으로부터 행위를 이끌어 내는 데에는 이성이 요구되므로, 의지는 실천 이성 외에 다른 아무 것도 아니다.

① 타인을 배제한 개인적 행복을 도덕원리로 삼을 수 없는가?
② 보편적 도덕 원리를 준수하는 것으로 행복한 삶이 보장되는가?
③ 행위의 도덕성을 판단할 수 있는 보편적인 원리가 있는가?
④ 도덕적 행위의 판단 기준은 쾌락의 양과 질에 두어야 하는가?
⑤ 오직 의무가 문제일 때는 행복을 전혀 고려하지 말아야 하는가?

3. 갑, 을 사상가들의 입장으로 가장 적절한 것은?

> 갑 : 우리가 무엇인가를 순수하게 인식하고자 한다면, 우리는 육체로부터 떠나야 하며 오로지 영혼만을 사용하여 사물 그 자체를 보아야 한다. 철학을 한다는 것은 죽는 연습을 하는 것이다.
> 을 : 우리가 존재하는 동안에는 죽음이 우리에게 오지 않고, 죽음이 우리에게 왔을 때는 우리는 이미 존재하지 않기 때문이다. 따라서 산 자에게나 죽은 자에게나 죽음은 아무 것도 아니다.

① 갑 : 살아 있는 동안에는 육체의 본성에 물들지 않아야 한다.
② 갑 : 죽음은 육체와 영혼이 분리임을 받아들여서는 안 된다.
③ 을 : 이상적인 인간은 즐거움을 추구하는 삶을 지향하지 않는다.
④ 을 : 죽음은 인생의 악을 중지시켜주므로 죽음을 열망해야 한다.
⑤ 갑과 을 : 자신의 죽음에 대한 두려움을 극복하는 것은 불가능하다.

---

4. 그림의 강연자가 지지할 입장으로 가장 적절한 것은?

> 전체 인류 가운데 단 한 사람이 다른 생각을 가지고 있다고 해서 그 사람에게 침묵을 강요하는 것은 기본적 자유를 침해하는 부당한 것입니다. 당사자에게 더 좋은 결과를 가져다 주거나 더 행복하게 만든다고, 또는 다른 사람이 볼 때 그렇게 하는 것이 현명하거나 옳은 일이라는 이유에서, 본인의 의사와 관계없이 무슨 일을 시키거나 금지시켜서는 안 됩니다. 이런 선한 목적에서라면 그 사람에게 충고하고, 논리적으로 따지며, 설득하면 됩니다. 만약 그것도 아니면 간청할 수도 있습니다. 그러나 말을 듣지 않는다고 강제하거나 위협을 가해서는 안 됩니다.

① 자유 토론을 통해 소수와 다수의 의견 차이가 없어지게 된다.
② 토론의 과정에서는 인간의 오류 가능성을 인정해서는 안 된다.
③ 자기방어는 타인의 자유를 간섭할 수 있는 유일한 목적이다.
④ 인간은 경험을 통해서만 자신의 잘못을 바로 잡을 수 있다.
⑤ 자유의 원칙은 자유롭지 않을 자유까지 허용하는 원칙이다.

5. (가)의 갑, 을, 병 사상가들의 입장을 (나) 그림으로 표현할 때, A ~ D에 해당하는 적절한 진술만을 <보기>에서 고른 것은? [3점]

<table>
<tr><td rowspan="3">(가)</td><td>갑 : 이성을 갖고 있지 않은 존재는 상대적 가치밖에 지니지 않는다. 인간은 통상 인간에 대한 의무 외에는 다른 존재자에 대한 의무가 없다.</td></tr>
<tr><td>을 : 토지가 사랑과 존중을 받아야 한다는 것은 윤리적 문제이다. 우리는 토지를 사랑과 존중으로써 이용해야 한다.</td></tr>
<tr><td>병 : 근본적으로 잘못된 것은 동물을 우리의 자원으로 보는 것을 허용하는 체제다. 모든 삶의 주체는 도덕적 권리를 갖는다.</td></tr>
</table>

(나)

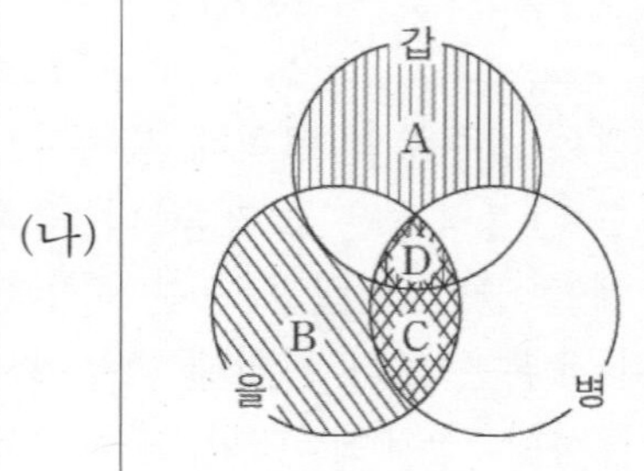

〈범 례〉
A : 갑만의 입장
B : 을만의 입장
C : 을과 병만의 공통 입장
D : 갑, 을, 병의 공통 입장

〈보 기〉
ㄱ. A : 의무론적 관점에서 동물 학대 금지는 정당화될 수 있다.
ㄴ. B : 생태학적 통합성은 자연에 대한 규범적 원리를 제공해 준다.
ㄷ. C : 내재적 가치를 가지는 존재는 도덕적으로 존중받아야 한다.
ㄹ. D : 도덕적 지위를 지닌 존재의 범위를 모든 생명체로 설정하는 것은 부적절하다.

① ㄱ, ㄴ　② ㄱ, ㄷ　③ ㄴ, ㄷ　④ ㄴ, ㄹ　⑤ ㄷ, ㄹ

6. 갑, 을 사상가들의 입장으로 가장 적절한 것은? [3점]

> 갑 : 인간은 천성적으로 자유를 사랑하고 타인을 지배하기를 좋아한다. 국가는 다수 사람들이 자기 보존을 위해 상호 신의 계약을 체결하여 세운 하나의 인격이다.
> 을 : 사회 계약의 핵심은 구성원 각자가 전체 공동체에 모든 권리와 함께 자신을 전적으로 양도하는 것이다. 각자가 자신을 전적으로 양도하게 되면 조건은 누구에게나 평등해진다.

① 갑 : 소유권이 없는 곳에서 개인의 자유를 침해하는 것은 불의이다.
② 갑 : 주권자는 사회 계약의 체결이 아닌 이행을 강제할 수 있다.
③ 을 : 시민의 주권은 일반 의지에 의해서만 정부에 양도될 수 있다.
④ 을 : 국가가 커지면 커질수록 개인의 자유도 비례하여 커진다.
⑤ 갑과 을 : 주권자가 법률을 제정할 수 있는 입법자가 되어야 한다.

7. 다음 사상가의 입장으로 가장 적절한 것은?

> 신은 곧 극기와 단정한 정신과 검소와 절제를 권장하시고 무절제와 자만과 허식과 허영을 극도로 싫어하시는 분이다. 신은 일찍이 자신의 영원불변한 진리를 통해 구제하고자 하는 자들을 결정했다. 이 모든 것은 내밀하고 우리가 이해할 수 없는 신의 섭리에 의해 이루어지며 그럼에도 불구하고 그것은 정당하고 공평하다.

① 구원을 실현하기 위해서는 성실하게 직업을 수행해야 한다.
② 직업 노동은 신의 구원을 받았다는 자기 확신의 수단이다.
③ 신은 구원받지 못할 사람들을 미리 결정해 놓지는 않았다.
④ 신의 뜻에 따라 직업 간의 귀천이 정해져 있음을 알아야 한다.
⑤ 세속적인 직업 생활은 신의 영광을 드러내는 수단이 될 수 없다.

8. 다음 사상가의 입장으로 가장 적절한 것은? [3점]

> 결과주의적 접근법의 한 결론은 민주주의 원칙에 복종하는 습관이 더 깊이 배이면 배일수록 불복종은 그만큼 더 쉽게 정당화될 수 있다는 것이다. 예를 들어 어린 나무는 특별한 주의를 필요로 하지만, 잘 자란 표본은 보다 거칠게 다루어도 견뎌낼 수 있다. 그러므로 특정한 문제에 대한 불복종이 영국이나 미국에서는 정당화될 수도 있지만, 최근에 독재나 내전을 겪은 나라나 민주주의 정부체제의 수립을 추구하고 있는 나라에서는 정당화되지 못할 수도 있다.

① 민주주의 사회에서 다수결의 원리는 도덕적 가치를 지니고 있다.
② 시민 불복종은 결과의 좋음에 따라 정당화되어서는 안 된다.
③ 시민 불복종은 민주주의 원리 안에서 법치를 부정하는 것이다.
④ 시민 불복종은 다수를 강제하지 않으면서 법의 힘에 저항한다.
⑤ 다수의 견해가 진정으로 반영된 법에 대해서는 불복종할 수 없다.

9. 다음 가상 편지의 입장으로 가장 적절한 것은?

> ○○에게
>
> 기술이란 수단일 뿐이지 그 자체는 선도 아니고 악도 아니라는 자네의 주장은 일견 타당하네. 분명 기술은 선하거나 악한 방향으로 사용될 수 있으며, 기술의 오용은 이를 오용한 사람의 잘못된 부분이 있다네. 하지만 이런 기준을 모든 경우에 적용하는 것은 문제가 있다네. 왜냐하면 어떤 기술은 분명히 그것의 가치가 뚜렷하게 한쪽으로 기울어진 경우도 있기 때문이라네. 예를 들어 총은 사람을 죽이는 용도 이외에 사용될 확률이 얼마나 있겠는가? 마찬가지로 원자 폭탄을 좋은 곳에 사용하겠다는 말은 설득력이 없을 것 같네.

① 기술이 미치는 부정적인 영향력에 관심을 가지지 말아야 한다.
② 기술을 발전시키기 위해서는 가치 중립적 입장을 지켜야 한다.
③ 인간의 가치가 기술에 내재되어 있는 경우가 있음을 알아야 한다.
④ 기술은 목적 달성을 위한 가치 중립적 수단일 뿐임을 인정해야 한다.
⑤ 기술을 활용하는 경우에만 인간의 가치가 개입됨을 알아야 한다.

10. (가)의 갑, 을 사상가들의 입장을 (나) 그림으로 탐구하고자 할 때, A~C에 들어갈 질문으로 적절한 것만을 <보기>에서 고른 것은? [3점]

<table>
<tr><td rowspan="2">(가)</td><td>갑 : 재산 소유 민주주의에서 목적은 자유롭고 평등한 시민들 간의 장기간에 걸친 공정한 협력 체계로서 사회라는 관념을 실현하고자 하는 것이다.</td></tr>
<tr><td>을 : 오직 계약을 집행하고, 사람들을 무력과 절도와 사기에서 보호하는 기능을 수행하는 최소 국가만이 정당화될 수 있다.</td></tr>
</table>

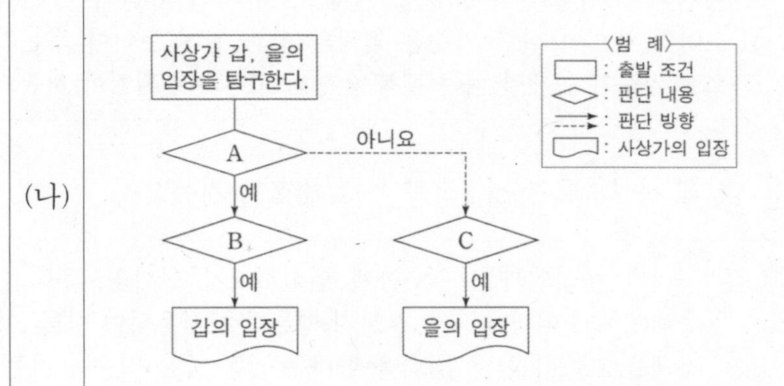

(나)

─────〈보 기〉─────
ㄱ. A : 정의로운 국가에서 개인의 행위를 금지하는 조항이 있는가?
ㄴ. B : 원초적 입장의 개인들은 사회 조직의 기초에 대해 무지한가?
ㄷ. B : 심각한 경제적 불평등은 평등한 자유 원칙을 저해할 수 있는가?
ㄹ. C : 최소국가보다 포괄적인 국가에서 개인의 소유 권리가 존재할 수 있는가?

① ㄱ, ㄴ　② ㄱ, ㄷ　③ ㄴ, ㄷ　④ ㄴ, ㄹ　⑤ ㄷ, ㄹ

11. 갑, 을 사상가들의 입장으로 옳은 것만을 <보기>에서 있는 대로 고른 것은?

> 갑 : 종교는 사회적 기능 이상의 아무 것도 아니다. 사회가 내부 갈등을 해결하고 공동체를 유지하기 위해서는 반드시 개별적인 구성원을 초월하여 그 위에 군림할 수 있는 권위자가 필요하다. 따라서 사회는 절대적 권위를 상징하는 초월자를 필요로 한다.
>
> 을 : 종교의 역사는 많은 성현(聖顯)으로 이루어져 있다. 어떤 인간에게는 성스러운 것이, 예컨대 돌이나 나무 가운데 나타날 수 있다는 것을 이해하기 어렵다. 그러나 우리는 곧 그것이 돌 그 자체의 숭배, 혹은 나무 그 자체의 숭배를 의미하는 것이 아니라는 것을 알 수 있다.

―――――――〈보 기〉―――――――
ㄱ. 갑 : 종교는 사회적 필요에 의해 만들어진 인위적인 산물이다.
ㄴ. 을 : 종교적 인간은 자연적인 면을 통해서 초자연을 파악한다.
ㄷ. 을 : 종교적 인간은 성과 속을 본질적으로 같은 것으로 본다.
ㄹ. 갑과 을 : 종교는 인간에게 정신적 위안을 제공해 줄 수 있다.

① ㄱ, ㄷ　　　② ㄱ, ㄹ　　　③ ㄴ, ㄷ
④ ㄱ, ㄴ, ㄹ　　　⑤ ㄴ, ㄷ, ㄹ

12. (가)의 갑, 을, 병 사상가들의 입장에서 서로에게 제기할 수 있는 비판을 (나) 그림으로 표현할 때, A~F에 해당하는 내용으로 가장 적절한 것은? [3점]

> (가)
> 갑 : 형벌의 목적은 감각적 존재인 인간을 괴롭히는 데 있지 않다. 인간의 정신에 무엇보다 큰 효과를 끼치는 것은 형벌의 강도가 아니라 그 지속도이다.
>
> 을 : 공리성의 원리에 의할 때, 만일 처벌이 인정될 수 있다면, 그것이 더욱 큰 어떤 악을 없애는 것을 보장하는 한에 있어서만 인정되어야 한다.
>
> 병 : 형벌의 법칙은 하나의 정언명령이다. 공리론이 형벌관념 속에 들어와 이 정언명령을 형벌에서 벗어나게 하는 것을 막아야 한다.

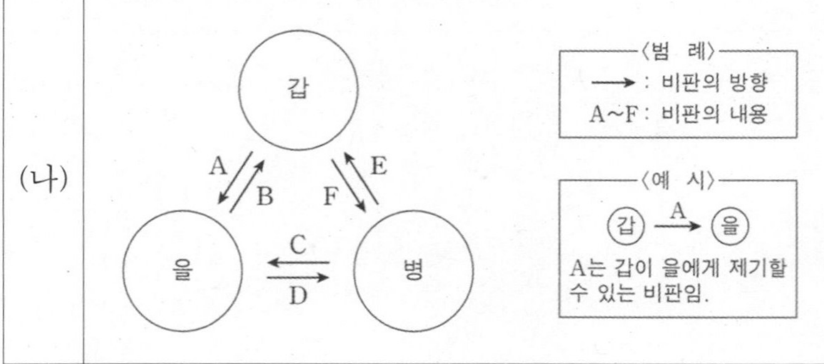

① A : 범죄자의 행위를 통제하는 것은 형벌의 목적임을 간과한다.
② B와 D : 쾌락과 고통이 인간 행동의 유일한 원인임을 간과한다.
③ C : 범인에게 고통을 주는 형벌은 그 자체가 옳음을 간과한다.
④ E : 사회 계약에는 계약자의 동의가 포함되어 있음을 간과한다.
⑤ F : 형벌권은 범인에게 고통을 부과하는 권리임을 간과한다.

13. 대화에서 나타난 스승의 사상적 입장으로 적절한 것만을 <보기>에서 고른 것은?

> 제자 : 죽은 사람이 세상의 일을 알 수 있습니까?
>
> 스승 : 만약 죽은 사람이 알 수 있다고 말한다면 효자들이 자신의 삶을 내버려 두고 죽음에만 매달리지 않을까 두렵고, 알지 못한다고 말한다면 불효한 자손이 죽은 사람을 매장하지도 않고 아무렇게나 내다 버릴까 두렵다. 죽은 사람이 세상의 일을 알 수 있는가 없는가 하는 것은 네가 죽은 후 자연히 알게 될 것이니, 그때 가서 알아도 늦지 않을 것이다.

―――――――〈보 기〉―――――――
ㄱ. 사후 세계가 있기 때문에 효와 불효를 구분할 수 있다.
ㄴ. 삶과 죽음은 서로 다른 것으로 삶에 더 관심을 가져야 한다.
ㄷ. 삶 자체의 가치가 다른 어떤 도덕적 가치보다도 더 중요하다.
ㄹ. 부모님이 돌아가시더라도 자신의 효는 계속되어야 한다.

① ㄱ, ㄴ　② ㄱ, ㄷ　③ ㄴ, ㄷ　④ ㄴ, ㄹ　⑤ ㄷ, ㄹ

14. 갑, 을 사상가들의 입장으로 가장 적절한 것은?

> 갑 : 윤리는 자유를 전제로 성립하는 것이다. 이에 반해 예술은 미적 체험을 통해 자유를 경험하게 되는 것이다. 그렇다고 윤리와 예술이 별개인 것만은 아니다. 윤리와 예술 모두 이기적인 욕구와는 거리가 멀기 때문이다.
>
> 을 : 현대 예술의 사명은 인간의 최고 목적으로 간주하는 사랑의 세계를 건설하는 일이다. 진짜 예술은 감염성이 있다. 감상자가 작가와 공감을 하고, 그 작품을 감상한 다른 사람들과 공감을 하는 경우, 그것은 진짜 예술이다.

① 갑 : 미적 판단은 주관적이지만 도덕 판단처럼 보편성이 요구된다.
② 갑 : 예술은 이성적 존재인 인간에게 즐거움을 제공해주지 않는다.
③ 을 : 감상자의 감정을 고양시키는 예술은 진짜 예술이라 할 수 없다.
④ 을 : 예술에 대한 주관적 감상은 인류애 실현에 방해가 될 뿐이다.
⑤ 갑과 을 : 예술적 가치와 도덕적 가치는 양립이 불가능하다.

15. 갑, 을 사상가들의 입장으로 가장 적절한 것은? [3점]

> 갑 : 자연은 인간이 평화와 안정의 상태를 찾아내도록 한다. 내적으로는 시민적 공동체의 조정에 의해, 외적으로는 공동 협정과 입법을 통해 현실화되어 확립될 수 있을 것이다.
>
> 을 : 폭력은 인간의 기본적인 욕구를 모독하는 것이다. 평화는 폭력의 반대이다. 평화적 관점에서 군대에 순수한 방어라는 임무를 부여하면 어느 누구도 자극하지 않는다.

① 갑 : 공화국들은 세계시민법에 따라 연방을 결성하여야 한다.
② 갑 : 도덕을 근거로 하지 않으면 참다운 정치는 행해지지 않는다.
③ 을 : 인간 안보는 폭력의 예방보다 제거에 초점을 맞추어야 한다.
④ 을 : 제도 개선은 적극적 평화 실현에 필수적인 요소가 아니다.
⑤ 갑과 을 : 자국 방어를 위해 상비군을 최소로 유지해야 한다.

16. 갑, 을, 병 사상가들의 입장으로 적절한 것만을 <보기>에서 고른 것은?

> 갑 : 어느 날 자기를 극복하여 예로 돌아가면 천하가 인으로 돌아간다. 예가 아니면 보지 말고, 예가 아니면 듣지 말고, 예가 아니면 말하지 말고, 예가 아니면 움직이지 않는다.
> 을 : 발뒤꿈치를 들고 서 있는 사람은 오래 서 있지 못하고, 큰 걸음으로 걷는 사람은 오래 걷지 못한다. 자신의 관점으로 보는 사람은 진정한 인식에 도달하지 못한다.
> 병 : 사물은 모두 '저것' 아닌 것이 없고, 동시에 모두 '이것' 아닌 것이 없다. 그러기에 이르기를 '저것'은 '이것'에서 나오고, '이것'은 '저것' 때문에 생긴다고 하였다.

> ─────<보 기>─────
> ㄱ. 갑 : 도덕으로 백성을 다스려야 백성이 부끄러워함이 없게 된다.
> ㄴ. 을 : 성인(聖人)은 이로움과 혜택을 만대에 베푸는 존재이다.
> ㄷ. 병 : 연기의 법칙을 깨달아 자비를 베푸는 삶을 살아야 한다.
> ㄹ. 을과 병 : 자기 중심적인 고정 관념과 편견에서 벗어나야 한다.

① ㄱ, ㄴ   ② ㄱ, ㄷ   ③ ㄴ, ㄷ   ④ ㄴ, ㄹ   ⑤ ㄷ, ㄹ

17. 다음 서양 사상가의 입장으로 적절한 것만을 <보기>에서 있는 대로 고른 것은? [3점]

> 국가들 간의 부와 복지의 수준들은 다양할 수 있고 그럴 것이라고 추정된다. 그러나 이런 부와 복지의 수준을 조정하는 것은 원조 의무의 목표가 아니다. 천연자원과 부가 빈약한 사회라 할지라도 만약 그들의 종교적, 도덕적 신념들과 문화를 떠받쳐 주는 그 사회의 정치적 평등, 법, 재산, 계급 구조가 자유적 사회나 적정 수준의 사회를 유지하게 하는 것이라면 질서정연해질 수 있다.

> ─────<보 기>─────
> ㄱ. 정치적인 요소는 원조의 대상을 결정짓는 핵심 요소이다.
> ㄴ. 원조 주체와 대상은 정치적 덕목에서 차이가 나지 않는다.
> ㄷ. 모든 종류의 질서정연한 만민들이 인권을 지지하는 것은 아니다.
> ㄹ. 고통받는 사회에 대한 원조는 만민법에 근거해서 행해져야 한다.

① ㄱ, ㄴ   ② ㄱ, ㄹ   ③ ㄴ, ㄷ
④ ㄱ, ㄷ, ㄹ   ⑤ ㄴ, ㄷ, ㄹ

18. 다음 사상가의 입장으로 가장 적절한 것은?

> 더 이상 먹고 마실 수 없을 때까지 먹고 마시는 것은 자연에 따르는 것을 넘어서는 것이다. 이런 이유로 사람들은 그들이 마땅한 것을 넘어 자신들의 배를 채운다고 생각해서 그들을 폭식가라고 부르는 것이다. 지나칠 정도로 노예적인 사람이란 이런 사람이다.

① 중용은 배고픔을 적절하게 채우는 행위에는 적용되지 않는다.
② 음식을 부족하게 먹는 것이 절제를 올바르게 발휘하는 것이다.
③ 음식을 지나치게 많이 먹는 것은 방종이므로 절제해야 한다.
④ 자연적 욕구를 충족시키는 행위는 그 자체로 금지되어야 한다.
⑤ 음식을 먹는 것은 쾌락을 주지 못하므로 폭식을 하지 말아야 한다.

19. [대체용]. 그림은 A 사상가에 대한 노트 필기 내용이다. 이에 대한 설명으로 적절하지 <u>않은</u> 것은? [3점]

> **〈A 사상가의 정의론〉**
> 1. 원초적 입장 : ㉠정의의 원칙을 도출하기 위해 무지의 베일로 조건화된 순수한 가상적 상황
> 2. 정의의 원칙
> ㉡각 개인은 기본적 자유에 있어 평등한 권리를 가져야 한다.
> ㉢가장 불리한 여건에 있는 사람, 즉 최소 수혜자에게 최대의 이득이 되어야 한다.
> ㉣기회 균등의 원칙 하에 모든 사람에게 개방된 직책이나 지위와 결부된 것이어야 한다.

① ㉠에서는 자신의 특정한 조건에 유리한 원칙들을 구상할 수 없다.
② ㉠에서는 도덕적 응분에 따라 소득이 분배되는 것을 채택하지 않는다.
③ ㉡은 기본적인 권리를 분배할 때, 각자는 평등을 요구한다는 것이다.
④ ㉢은 정의로운 사회에서 자연적 우연성의 영향력을 완화시킨다.
⑤ ㉣과 달리 ㉢은 허용할 수 있는 사회적 불평등을 규정하는 원칙이다.

20. [대체용]. 갑, 을 사상가들의 입장으로 적절한 것만을 <보기>에서 있는 대로 고른 것은? [3점]

> 갑 : 국가는 사람들이 자연법의 집행권을 포기하여 그것을 공동체에 양도하는 곳에서 존재한다. 국가의 통치자는 공평무사한 재판관을 임명해 시민의 재산을 보호하고 분쟁을 해결해야 한다.
> 을 : 국가는 같은 곳에 거주하는 사람들의 단순한 공동체가 아니다. 국가는 그 구성원들이 훌륭하게 살 수 있게 해 주기 위한 공동체이다. 국가는 단순한 생존을 위해 형성되지만 훌륭한 삶을 위해 존속한다.

> ─────<보 기>─────
> ㄱ. 갑 : 사회 계약 당사자들은 자연적 자유를 포기하지 않는다.
> ㄴ. 갑 : 입법권은 특정 목적을 위해서만 활동할 수 있는 권력이다.
> ㄷ. 을 : 국가가 아닌 공동체들은 자족한 상태를 이룰 수 없다.
> ㄹ. 갑과 을 : 국가는 구성원의 권리 보호를 위해 형벌권을 가진다.

① ㄱ, ㄷ   ② ㄱ, ㄹ   ③ ㄴ, ㄷ
④ ㄱ, ㄴ, ㄹ   ⑤ ㄴ, ㄷ, ㄹ

> * 확인 사항
> o 답안지의 해당란에 필요한 내용을 정확히 기입(표기)했는지 확인하시오.

제 4 교시

사회탐구 영역(생활과 윤리)

성명 [　　　]　수험 번호 [　　　] — [　　　]　제 (　) 선택

---

1. 다음은 학생이 작성한 필기 내용이다. (가), (나), (다) 윤리학에 대한 설명으로 가장 적절한 것은?

> 〈윤리학의 구분〉
> (가) 윤리학 : 도덕 현상에 대한 단순한 묘사 또는 기술을 강조하는 학문
> (나) 윤리학 : 도덕적 명제에서 사용되는 용어와 논리를 분석하는 학문
> (다) 윤리학 : 인간의 바람직한 행위의 원리나 목적 및 법칙에 관심을 갖는 학문

① (가)는 도덕적 신념을 정당화하는 객관적 법칙을 알아내고자 한다.
② (가)는 도덕적인 현상과 문제는 경험적인 연구가 불가능하다고 본다.
③ (나)는 도덕적 언어의 의미를 가치 중립적으로 탐구하고자 한다.
④ (다)는 도덕적 추론 과정에서 활용되는 규칙을 검토하고자 한다.
⑤ (다)는 인식 가능한 도덕 원리는 존재하지 않는다고 가정한다.

2. 갑, 을 사상가들의 입장으로 가장 적절한 것은? [3점]

> 갑 : 명예를 좇아 참된 자기를 잃어버리는 자는 선비[士]가 아니다. 하늘을 시간으로 구분하는 자는 현자(賢者)가 아니다.
> 을 : 이것이 있기 때문에 저것이 있고, 이것이 없기 때문에 저것이 없다. 비유하면 세 갈대는 서로 의지해야 땅 위에 설 수 있는 것이다.

① 갑 : 사사로운 욕심을 극복하고 예를 실천하면서 살아야 한다.
② 갑 : 타고난 본성대로 살아가면 인륜(人倫)을 완성할 수 있다.
③ 을 : 고통을 없애는 방법을 제시한 집성제를 실천해야 한다.
④ 을 : 몸[身]과 말[口]과 생각[意]을 통해 업(業)을 지을 수 있다.
⑤ 갑과 을 : 꾸준한 수양을 통해 도덕적 선함을 되찾아야 한다.

3. 그림의 강연자의 주장으로 가장 적절한 것은?

① 지성적인 덕은 이성과 감정에, 품성적인 덕은 행위에 적용된다.
② 지성적인 덕과 품성적인 덕은 습관을 통해서만 형성된다.
③ 어떠한 상황에서도 두려움을 갖지 않는 품성적인 덕이 중용이다.
④ 품성적인 덕은 인간의 본성에 의해 저절로 생겨나는 덕이다.
⑤ 인간은 자신의 고유한 본성을 실현시키기 위해 노력해야 한다.

---

4. 갑, 을 사상가들의 입장에 대한 옳은 설명만을 <보기>에서 있는 대로 고른 것은?

> 갑 : 아침에 도(道)를 들으면 저녁에 죽어도 좋다. 뜻이 있는 선비와 어진 사람은 인(仁)을 해치면서까지 삶을 구하지 않으며, 자신을 희생하더라도 인(仁)을 이루려고 한다.
> 을 : 현자는 죽음을 아무 것도 아닌 것으로 본다. 왜냐하면 삶이 그에게 해를 주는 것도 아니고, 삶의 부재가 악으로 생각되지도 않기 때문이다.

— 〈보 기〉 —
ㄱ. 갑 : 타인을 사랑할 뿐 미워하지 않는 사람이 어진 사람이다.
ㄴ. 을 : 인간을 구성하는 요소는 소멸하지 않고 흩어질 뿐이다.
ㄷ. 을 : 쾌락을 추구하는 삶을 사는 것은 바람직하지 못하다.
ㄹ. 갑과 을 : 죽음 이후에 집착하기 보다는 삶에 충실해야 한다.

① ㄱ, ㄷ　　② ㄱ, ㄹ　　③ ㄴ, ㄹ
④ ㄱ, ㄴ, ㄷ　　⑤ ㄴ, ㄷ, ㄹ

5. (가)의 갑, 을, 병 사상가들의 입장을 (나) 그림으로 표현할 때, A ~ D에 해당하는 적절한 진술만을 <보기>에서 고른 것은? [3점]

(가)	갑 : 법률은 일반 의지의 행사이다. 모든 범죄자들은 사회의 법을 침범했기 때문에 그 행위로 인해 그들은 조국에 대한 반역자가 된다. 을 : 범죄에 대한 형벌은 오직 법률을 통해서만 가능하다. 이 권한은 사회 계약으로 결합된 사회 전체를 대표하는 입법자에게만 속한다. 병 : 형벌의 법칙은 하나의 정언명령이다. 형벌을 가하는 권한의 기초에 형벌받기를 의욕하는 범인의 약속이 놓여 있지는 않다.
(나)	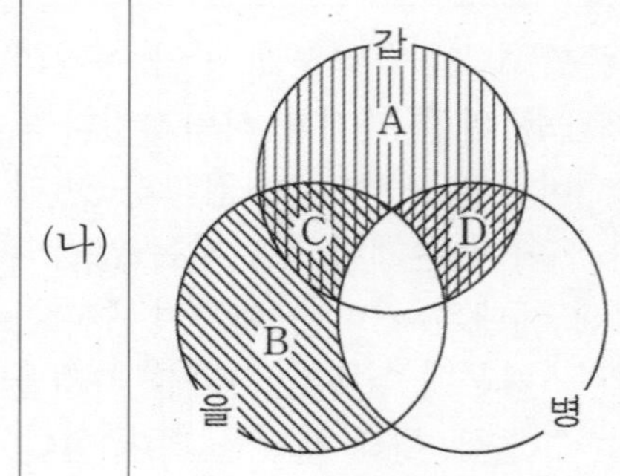

— 〈보 기〉 —
ㄱ. A : 계약자의 생명은 국가로부터 무조건적으로 보장된다.
ㄴ. B : 인간의 자유를 영원히 박탈하는 형벌은 정당화될 수 없다.
ㄷ. C : 공동체의 이익을 위해 범죄자를 처벌하는 것은 정의롭다.
ㄹ. D : 국가는 살인범의 생명권을 박탈할 권한을 가지고 있다.

① ㄱ, ㄴ　② ㄱ, ㄷ　③ ㄴ, ㄷ　④ ㄴ, ㄹ　⑤ ㄷ, ㄹ

6. (가)의 사상가 갑, 을, 병의 입장을 (나) 그림으로 탐구하고자 할 때, A~D에 들어갈 적절한 질문만을 <보기>에서 있는 대로 고른 것은? [3점]

(가)	갑 : 도덕적 선택은 그 결과에 따라 달라진다. 만약 다른 사람들이 고통을 느낀다는 것을 의심하지 않는다면, 동물이 고통을 느낀다는 것도 의심해서는 안 된다. 을 : 어떤 개체가 즐거움과 고통을 느끼는 정서적 생활을 하고, 미래에 대한 감각을 가지며, 믿음과 욕구 등을 가진다면 그 개체는 삶의 주체이다. 병 : 인간은 동물을 죽여야 할 경우 가능한 빨리 고통이 없이 죽여야 한다. 이들 동물과 관련한 감사의 정은 직접적으로 볼 때는 인간 자신에 대한 의무이다.

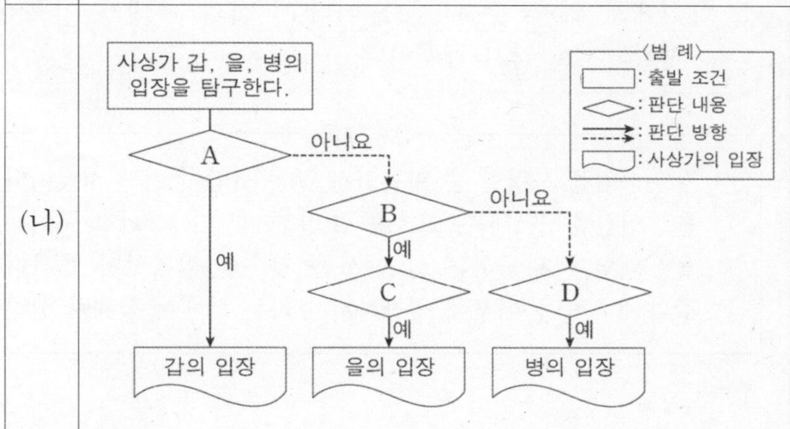

────〈보 기〉────
ㄱ. A : 동물 학대가 그른 근본 이유는 동물의 고통에 있는가?
ㄴ. B : 인간은 동물 종(種)에 대한 직접적 의무를 가지는가?
ㄷ. C : 내재적 가치를 가지고 있지 않은 삶의 주체는 없는가?
ㄹ. D : 이성이 없는 존재는 물권의 대상에서 제외되어야 하는가?

① ㄱ, ㄴ　　　② ㄱ, ㄷ　　　③ ㄴ, ㄹ
④ ㄱ, ㄷ, ㄹ　　⑤ ㄴ, ㄷ, ㄹ

7. 다음을 주장한 사상가의 입장으로 적절한 것만을 <보기>에서 고른 것은?

> 후세의 인간은 어쨌든 실존할 수 있기 때문에 만약 우리의 잘못된 행위로 인해 미래 세대를 위한 세계를 타락시켰다면, 불행의 창시자로서 우리를 비난할 수 있는 권리가 미래 세대에게 있는 것이다. 따라서 아직 존재하고 있지는 않지만 존재할 것으로 기대되는 미래 세대의 권리에 대하여 우리는 응답할 의무가 있다. 이런 의무 때문에 심각한 결과를 가져올 수 있는 행위를 할 때 우리는 그들에 대해 책임을 져야 한다.

────〈보 기〉────
ㄱ. 공포의 발견술은 선을 탐구하는데 있어서 마지막 수단이다.
ㄴ. 두려움의 느낌을 기르는 것은 우리들의 윤리적 의무이다.
ㄷ. 다른 존재에 대한 연대 책임이 아닌 일방적 책임을 져야 한다.
ㄹ. 책임 윤리에서 미래 세대는 명령자이고, 현세대는 의무자이다.

① ㄱ, ㄴ　② ㄱ, ㄷ　③ ㄴ, ㄷ　④ ㄴ, ㄹ　⑤ ㄷ, ㄹ

8. (가)의 갑, 을 사상가의 입장에서 볼 때, (나)의 ㉠에 들어갈 공통된 진술로 가장 적절한 것은? [3점]

(가)	갑 : 공정으로서의 정의에 있어서의 평등한 원초적 입장이라는 것은 전통적인 사회 계약론에 있어서의 자연 상태에 해당한다. 을 : 어떤 준칙이 일반 법칙이 되기를 바란다면 나의 준칙이 보편화 가능한지 논의하여 검토할 수 있도록 다른 사람에게 제시해야 한다.
(나)	갑 : ＿＿＿㉠＿＿＿. 그러면 모두에게 이익이 되는 분배 방식을 채택할 것이다. 을 : ＿＿＿㉠＿＿＿. 그러면 도덕 문제를 이성적으로 해결하는 보편적 규범을 확립할 수 있을 것이다.

① 합리적 사고를 바탕으로 자유롭고 평등한 상황에서 합의하라.
② 가상적 절차를 통해 모두에게 이익이 되는 원칙에 합의하라.
③ 개인적인 입장이나 감정에 대한 표현을 금지한 채 합의하라.
④ 합의의 결과가 자신에게 미칠 영향을 고려하지 말고 합의하라.
⑤ 자신의 사회적 위치를 모른다는 가상 상황을 전제하고 합의하라.

9. 다음 사상가의 입장으로 옳지 <u>않은</u> 것은?

> 계급과 계급 간의 대립에 의해서 규정되는 낡은 부르주아 사회 대신에 각 개인의 자유로운 발전이 모두의 자유로운 발전의 조건이 되는 사회가 형성될 것이다. 공산주의 사회의 높은 단계에서는 개인의 노동 분업에 대한 노예적 종속, 정신노동과 육체노동 사이의 대립 현상이 사라지게 될 것이며, 공산주의 사회에서는 아무도 하나의 배타적인 활동 영역을 갖지 않으며, 모든 사람이 그가 원하는 분야에서 자신을 수양할 수 있다.

① 생산과 분배의 기준이 다르면 이상적인 분배가 불가능하다.
② 노동에 참여하는 것은 생활 수단 이상의 의미를 지니고 있다.
③ 자본주의 사회에 존재하는 모든 계급은 소외를 경험하게 된다.
④ 자본주의 국가 권력은 부르주아 계급의 위원회에 지나지 않는다.
⑤ 공산주의 사회 구성원은 자신들이 원하는 분야에 종사 가능하다.

10. 갑, 을 사상가들의 입장으로 가장 적절한 것은? [3점]

> 갑 : 아무도 자신의 보다 큰 천부적 능력이나 공적을 사회에 있어서 보다 유리한 출발 지점으로 이용할 자격은 없다. 그 대신 기본 구조는 이러한 우연성이 최소 수혜자의 선을 위해서 작용할 수 있도록 편성될 수 있다.
> 을 : 분배적 정의의 관해 제시된 거의 모든 원리들은 정형적이다. 이 모두는 개인에게 그의 도덕적 상점, 필요성, 그의 열성, 또는 이상 언급된 바들의 계측된 총합에 따라 분배하라고 요구한다.

① 갑 : 정의감을 갖지 않는 합리적 존재들의 합의가 정의 원칙이다.
② 갑 : 자유가 아닌 소득의 평등 분배를 정당화하는 정의 원칙은 없다.
③ 을 : 최소 국가보다 포괄적인 국가와 달리 무정부주의는 정의롭다.
④ 을 : 정형적 분배 원리는 주는 사람의 권리를 무시하는 이론이다.
⑤ 갑과 을 : 타고난 능력이 노동 생산성에 영향을 주어서는 안 된다.

11. 갑, 을 사상가들의 입장으로 가장 적절한 것은?

> 갑 : 어느 정도 정의로운 민주 체제에서는 정치적 문제를 처리하는
> 　　기준이 되는 공공적인 정의관이 있다. 체제를 파멸로 이끌지
> 　　않기 위해, 시민 불복종에 가담할 수 있는 범위에 한계가 있다.
> 을 : 우리는 중단시키려는 악의 크기와 우리의 행위가 가져올
> 　　결과를 저울질해 봐야 한다. 또 우리의 행위가 목표달성에
> 　　실패하여 반작용을 불러 일으킬 수도 있음을 고려해 봐야
> 　　한다.

① 갑 : 거의 정의로운 사회에서는 헌법을 해석하는 기준이 존재한다.
② 갑 : 위헌의 가능성이 있는 법에 대한 항거는 시민 불복종이 아니다.
③ 을 : 시민 불복종은 다수결의 규칙을 거부하는 행위여야만 한다.
④ 을 : 도덕적 문제는 투표로 결정하는 것이 가장 바람직하다.
⑤ 갑과 을 : 부정의한 법을 위반하지 않는 불복종은 정당화될 수 없다.

12. 다음 사상가의 입장으로 옳지 <u>않은</u> 것은?

> 　세계 시민법은 보편적인 우호를 위한 제반 조건에 국한되지
> 않으면 안 된다. 지구상의 모든 민족들 간에 널리 퍼져 있는 여러
> 공동체는 지상의 하나의 장소에서 발생한 법의 침해가 모든
> 장소에까지 영향을 미칠 정도로 발전해 왔다. 따라서 세계
> 시민법의 이념은 이미 공상적이거나 과장된 법의 사고가 아니라,
> 인류 일반을 위하여, 무엇보다 영구 평화를 위하여 필요한 것이다.

① 국제법의 이념은 독립된 다수 국가들이 분리되어 있음을 전제로
　한다.
② 전쟁 상태는 적대 행위가 발생한 상태가 아니어도 가능한 상태이다.
③ 공화국들은 국제법의 이념에 따라 세계 국가 수립을 추구한다.
④ 평화 상태를 보장하기 위해서는 국가들 간의 계약이 필수적이다.
⑤ 공화체제가 영구 평화로 이끌 수 있는 유일한 시민적 체제이다.

13. (가)의 갑, 을, 병의 입장을 (나) 그림으로 탐구하고자 할 때,
A, B에 들어갈 질문으로 가장 적절한 것은?

| (가) | 갑 : 결혼 이주민들에게 우리의 전통 예법을 따르도록 해야
　　한다.
을 : 이주민의 풍습을 우리의 풍습과 동등하게 인정해야
　　한다.
병 : 우리 문화를 중심으로 이주민의 문화적 정체성을
　　보완해야 한다. |

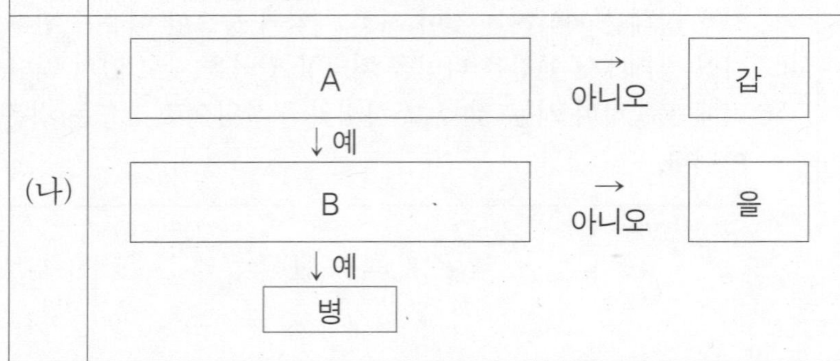

① A : 문화의 다양성을 바탕으로 사회 통합을 추구해야 하는가?
② A : 주류 문화를 중심으로 문화의 다양성을 인정해야 하는가?
③ A : 중심 문화의 관점에서 문화의 단일성을 유지해야 하는가?
④ B : 다양한 문화 간의 차이를 있는 그대로 존중해야 하는가?
⑤ B : 우리 문화와 다른 이주민의 문화를 수용해야 하는가?

14. (가)의 갑, 을, 병 사상가들의 입장에서 서로에게 제기할 수 있는
비판을 (나) 그림으로 표현할 때, A~F에 해당하는 내용으로 가장
적절한 것은? [3점]

> 갑 : 국가는 가정과 개인에 우선한다. 국가 형성은 정의
> 　　실현의 전제다. 인간은 법과 정의가 없으면 가장
> 　　사악하고 가장 위험한 동물이다.
> 을 : 국민의 자유는 주권자의 무한한 권력과 양립한다.
> 　　주권자의 권리에 제한이 있다면, 주권자도 하느님의
> 　　국민으로서 자연법을 준수해야 한다는 것뿐이다.
> 병 : 사회계약이 믿을 수 없는 공식이 되지 않기 위해서는
> 　　일반 의지에 복종을 거부하는 자는 집단 전체에 의해
> 　　그것을 따르도록 강요되어야 한다.

(가)

(나)
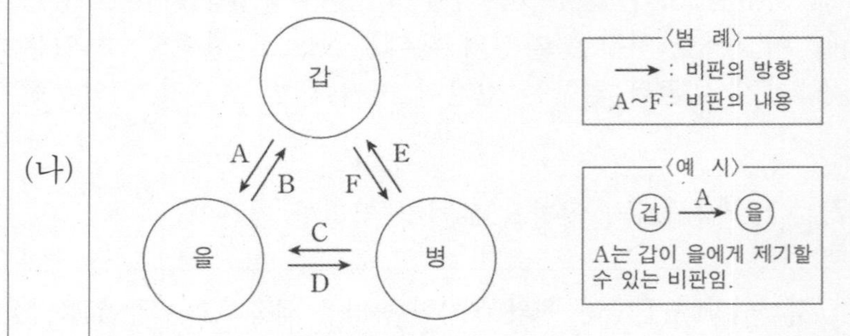

① A와 F : 국가가 가족보다 시간적으로 먼저 발생함을 간과한다.
② B : 전체적인 것이 부분적인 것에 우선하는 것임을 간과한다.
③ C : 주권은 본질적으로 분할이 불가능한 것임을 간과한다.
④ D : 입법권을 가진 통치자가 주권을 가진 대표자임을 간과한다.
⑤ E : 자신의 모든 권리를 공동체에 양도하는 것은 아님을 간과한다.

15. 그림은 서술형 평가 문제와 학생 답안이다. 학생 답안의
㉠ ~ ㉢ 중에서 옳은 것만을 있는 대로 고른 것은? [3점]

> <u>서술형 평가</u>
>
> ◎ 문제 : 다음 사상가들의 입장을 비교 설명하시오.
>
> > 갑 : 한 나라가 어떻게 살아가는가를 결정하는 핵심 요소는 그 나라의
> > 　　정치문화이지, 그 나라의 자원 수준이 아니다. 따라서 해외
> > 　　원조에서 자원 재분배 정책을 논할 필요는 없다.
> > 을 : 절대 빈곤국에 사는 사람들의 수를 줄이는 것은 분명 상대적인
> > 　　빈곤을 줄이는 것보다 더 효용성이 크고 절박한 일이다. 원조는
> > 　　공리에 의해 정당화된다.
>
> ◎ 학생 답안
>
> ㉠갑은 고통받는 사회는 인권에 대한 관심 부족으로 기아가 방치될
> 수 있다고 보았다. ㉡을은 정부를 압박하여 해외 원조가 효과적일
> 수 있도록 해야 한다고 보았다. 한편 ㉢을과 달리 갑은 원조받는
> 나라들의 정부가 법과 제도를 개선하도록 고무하는 것이 원조의
> 목적 달성에 기여할 수 있다고 보았다. 하지만 ㉣갑과 을 모두
> 원조 대상국의 정치 상황이 원조 대상을 결정짓는 요소가 될 수
> 있다고 보았다.

① ㉠, ㉡　　　② ㉠, ㉣　　　③ ㉠, ㉡, ㉣
④ ㉡, ㉢, ㉣　　　⑤ ㉠, ㉡, ㉢, ㉣

16. 갑은 긍정, 을은 부정의 대답을 할 질문으로 가장 적절한 것은?

> 갑: 이성적 피조물은 영원한 이성 안에 참여한다. 이를 통해 이성적
>　　피조물은 적절한 행동과 목적에 대한 자연적 성향을 지닌다.
>　　이성적 피조물 안에서 영원법의 참여가 바로 자연법이다.
>　　세계는 신의 섭리에 의해 지배된다.
> 을: 모든 이성적 피조물에게 있어서 도덕적 필연성은 강요이자
>　　강제이다. 그리고 거기에 근거한 모든 행위는 의무로
>　　생각되어야 한다. 따라서 도덕 법칙은 모든 유한한 이성적
>　　존재자의 의지에게는 의무의 법칙이다.

① 인간은 자연적 성향을 따르고자 하는 욕구를 가진 존재인가?
② 행위의 옳고 그름은 자연적 성향에 근거하여 결정되는가?
③ 인간은 도덕 법칙을 파악할 수 있는 능력을 가지고 있는가?
④ 이성적인 인간은 자신의 행위를 스스로 선택할 수 있는가?
⑤ 자기 보존의 의무는 인간이 지켜야 할 보편적인 의무인가?

17. 다음 사상가의 입장으로 가장 적절한 것은?

> 갑: 선왕(先王)들은 예와 우아한 음악을 제정하고 이끌어 음악을
>　　즐기면서도 어지러움으로 흐르지 않게 하였다. 예악은 모두
>　　사람들의 마음을 주관한다.
> 을: 미적 즐거움은 동물과 신적 존재 사이의 중간자인 인간에게
>　　고유한 것이며, 감성적인 것으로부터 순수 이성적인 것으로
>　　나아가는 계기를 마련한다.

> ─────〈보 기〉─────
> ㄱ.갑: 군주는 음악을 통해 인간의 본성을 회복시켜야 한다.
> ㄴ.을: 미적 활동은 감각적 활동과 달리 인간에게 즐거움을 준다.
> ㄷ.을: 미적 체험을 통한 자유와 도덕의 전제인 자유는 다른 것이다.
> ㄹ.갑과 을: 예술은 인간이 도덕성을 발휘하는데 기여할 수 있다.

① ㄱ, ㄴ　② ㄱ, ㄷ　③ ㄴ, ㄷ　④ ㄴ, ㄹ　⑤ ㄷ, ㄹ

18. [대체용]. (가)의 갑, 을 사상가의 입장을 (나) 그림으로 표현할
때, A~C에 해당하는 진술로 가장 적절한 것은? [3점]

(가)	갑: 인간은 자연 중에 생명이 없는 것을 파괴하지 말아야 　　한다. 그것의 파괴는 도덕성을 매우 촉진하는 인간 　　안의 감정을 약화시키기 때문이다. 을: 도덕 행위자는 목적론적 삶의 중심인 유기체의 　　자유를 제한하지 말아야 한다. 또한 생태계 전체와 　　생물 군집에 대해 '손 떼고 있기'를 취해야 한다.
(나)	갑, 을 교집합 그림 〈범 례〉 A: 갑만의 입장 B: 갑, 을의 공통 입장 C: 을만의 입장

① A: 이성이 없는 존재에게는 어떠한 가치도 부여되지 않는다.
② A: 자연계의 존재들을 파괴하지 말아야 할 이유가 존재한다.
③ B: 생명을 갖고 있지 않은 개체는 도덕적 지위를 갖지 않는다.
④ C: 생태계에 대한 개입은 자연 존중의 태도와 양립할 수 없다.
⑤ C: 모든 유기체는 자신의 존재 지속을 위해 의식적으로 활동한다.

19. [대체용]. (가)의 갑, 을 사상가들의 입장을 (나) 그림으로
탐구하고자 할 때, A~C에 들어갈 적절한 질문만을 〈보기〉에서
있는 대로 고른 것은? [3점]

> (가) 갑: 무지의 베일에 의해 확률에 대한 모든 지식은 배제된다.
>　　　　당사자들은 정의감을 행사할 능력이 있다고 가정된다.
>　　　을: 한 분배가 정의로운 충분조건은 그 분배 하에서 모든
>　　　　사람들이 자신이 소유하고 있는 것에 대해 소유 권리를
>　　　　소유함이다.

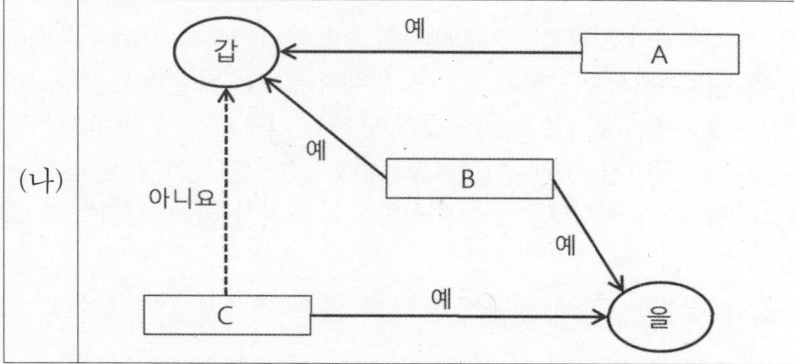

(나)

> ─────〈보 기〉─────
> ㄱ. A: 무지의 베일은 원초적 상황에 필요한 힘과 지식의 평등을
>　　　보장하는가?
> ㄴ. A: 원초적 입장의 당사자들은 자신의 약속이 헛되지 않을 것을
>　　　확신하는가?
> ㄷ. B: 정의의 원리에 따라 소득이 공정하게 분배되어야 하는가?
> ㄹ. C: 모든 사회적인 가치들은 분배 정의의 대상이 되는가?

① ㄱ, ㄴ　　② ㄱ, ㄹ　　③ ㄷ, ㄹ
④ ㄱ, ㄴ, ㄷ　　⑤ ㄴ, ㄷ, ㄹ

20. [대체용]. 다음을 주장한 사상가의 입장으로 적절한 것만을
〈보기〉에서 있는 대로 고른 것은? [3점]

> 　사람들이 사회에 들어갈 때 자연 상태에서 가졌던 평등, 자유
> 그리고 집행권을 사회의 미덕이 요구하는 것으로서 입법부에
> 의해 처리될 수 있도록 사회의 권력에 넘겨준다. 이는 모든 사람이
> 자기 자신과 자신의 자유와 재산을 더욱 잘 보호하겠다는 의도가
> 있는 것이다. 따라서 사회나 입법부의 권력이 공동의 이익을
> 넘어서까지 확대된다고는 결코 생각할 수 없다.

> ─────〈보 기〉─────
> ㄱ. 전쟁 상태를 피하려는 것이 사회 계약의 중요한 이유가 된다.
> ㄴ. 자연 상태에서 인간은 타인을 처벌할 권력을 갖고 있지 않다.
> ㄷ. 법에 복종하며 사는 것이 그 사회의 구성원으로 만드는 것은
>　　아니다.

① ㄱ　　② ㄴ　　③ ㄱ, ㄷ　④ ㄴ, ㄷ　⑤ ㄱ, ㄴ, ㄷ

> * 확인 사항
> ○ 답안지의 해당란에 필요한 내용을 정확히 기입(표기)했는지 확인
>　 하시오.